Mme Arthur

Vol. 2

Mme Oliphant

Writat

Cette édition parue en 2024

ISBN : 9789359943527

Publié par
Writat
email : info@writat.com

Contenu

CHAPITRE PREMIER. ....- 1 -

CHAPITRE II. ....- 9 -

CHAPITRE III. ....- 16 -

CHAPITRE IV. ....- 24 -

CHAPITRE V. ....- 33 -

CHAPITRE VI. ....- 42 -

CHAPITRE VII. ....- 50 -

CHAPITRE VIII. ....- 58 -

CHAPITRE IX. ....- 66 -

CHAPITRE X. ....- 74 -

CHAPITRE XI. ....- 83 -

CHAPITRE XVI. ....- 91 -

CHAPITRE XIII. ....- 99 -

CHAPITRE XIV. ....- 108 -

CHAPITRE XV. ....- 117 -

CHAPITRE I.

A RTHUR CURTIS ne pensa à la lettre que le vieux Davies lui avait remise que quelques jours après. Il avait été écrasé dans la poche de son manteau, la vue de sa sœur et toutes les émotions contradictoires de l'époque l'ayant fait sortir de sa tête ; et qu'y a-t-il d'agréable dans une telle communication à un tel moment ? Un dernier sermon sur sa folie, un dernier avertissement sur toutes les terribles conséquences de sa faute : il en avait, pensait-il, assez de tout cela, et il n'avait pas voulu se rendre malheureux le jour de son mariage avec une telle communication. . Ce n'était pas un plaisir sans mélange, même sans cela, même si ce n'était pas une confession qu'il se faisait à lui-même, du moins en paroles. Mais la vue des écrits de sa sœur le rendit à moitié écoeuré lorsqu'il finit par les voir. Se faire dire que la voie que vous suivez est ruineuse, alors que vous en êtes entièrement enchanté, est déjà assez pénible ; mais se faire dire cela alors que le premier choc de doute, le premier soupçon aigu d'erreur vous vient à l'esprit, est insupportable. On peut supposer qu'Arthur ne s'était pas rendu compte que tel était déjà le cas quelques jours après son mariage. Il était « le plus heureux des hommes » ; la société de sa fiancée lui était douce, et sa tendresse lui procurait malgré tout un plaisir exquis, indescriptible, pénétrant. Le choc soudain de cette identification absolue de deux êtres différents, l'un avec l'autre, dès le premier instant, est-il un bonheur sans mélange ? Ce n'était pas le cas, du moins, pour Arthur. Et Nancy n'était pas de ces femmes dociles et au caractère doux qui submergent leurs propres habitudes et manières de vivre dans celles de leur mari. Arthur connaissait assez intimement ces habitudes ; mais le changement de relation apportait un changement d'aspect si complet qu'il l'étonnait. Jusqu'alors il avait pu admirer comme piquantes, ou rire comme amusantes, les aspérités ou les simplicités d'un élevage si différent du sien ; mais tout à coup une différence totale s'était produite dans ses sentiments. Maintenant qu'il était responsable de ces particularités, elles devenaient alarmantes pour lui ; il les voyait avec les yeux des autres, de sa mère, de sa sœur, de Durant même, qui s'étonneraient et seraient horrifiés de voir la femme d'Arthur se comporter ainsi. Elle n'était plus Nancy Bates, la fille pour laquelle il était prêt à risquer le monde, mais une partie de lui-même, dans laquelle son propre caractère, son propre être, était impliqué. Cela faisait en tout une étrange différence. Il la sentait déjà commencer depuis quelque temps, mais elle prit toute sa vigueur à partir du moment où la fille du percepteur devint sa femme. Ainsi, il s'était senti non pas amusé, mais irrité, lorsqu'elle était apparue dans cette « soie » couleur saumon. Que la fille de Mme Bates porte le seul vêtement fin et brillant qu'elle possédait pour faire honneur à son époux et pour éblouir les yeux de tous les spectateurs le jour de son mariage, n'y aurait-il pas eu une certaine opportunité au milieu de cette cérémonie ? l'inconvenance, une *sancta simplicitas* qui l'aurait charmé ? Mais il devint tout à coup beaucoup plus évident pour Arthur que sa femme devait être mieux avisée que de partir en voyage dans une robe de soie rose ; mais lorsqu'il essaya, par toutes sortes d'arguments trompeurs, de l'inciter à choisir une robe plus convenable, en prétendant que la serge bleu foncé ou le mérinos brun foncé que l'on trouve dans les magasins seraient plus chauds, plus faciles et plus confortables, moins sujets à se gâter, et toutes les autres raisons fausses mais vraies auxquelles il pouvait penser pour le préférer, Nancy restait sceptique.

"Tu ne vas pas me ridiculiser, Arthur, je peux te le dire", dit-elle. « Je ne me suis pas mariée pour parcourir le monde avec ces pauvres vêtements, comme une fille de couturière ; et en France, où tout le monde s'habille si bien !

C'était pendant les deux ou trois jours qu'ils restèrent à Londres exprès, à vrai dire, pour lui procurer un habillement convenable ; mais seul Arthur, et non Nancy, était au courant de ce véritable motif du retard.

"Ma chère fille, s'ils s'habillent bien, c'est en ayant des robes convenables à tout, pas en étant bien", dit Arthur, poussé à bout.

"Bien! vous voulez dire que je suis habillée, s'écria Nancy en rougissant, et c'est dur, car tout a été fait pour vous plaire ; Je pensais que tu aimerais me voir bien. Je ne me souciais jamais des vêtements que je portais ; mais moi — et maman aussi — avons essayé de faire le meilleur spectacle possible, pour ton bien !

Que pouvait faire Arthur sinon protester qu'il l'aimait davantage, si cela était possible, pour les efforts qu'elle avait pris pour lui plaire, et qu'il trouvait la robe couleur saumon ravissante ; mais au bout d'un moment il revint à la charge. « En France, dit-il d'un air d'autorité, on sait très bien avoir une robe pour chaque occasion. Leurs robes du matin, ils ne les portent jamais le soir, et leurs robes de voyage…

"Mais mon Dieu!" s'écria Nancy, quelle manière extravagante de procéder ! Cela peut être très bien pour les duchesses et les grandes dames ; mais cela ne conviendrait jamais à une pauvre fille comme moi.

« Vous oubliez que vous n'êtes pas du tout une fille, et encore moins une pauvre, dit-il en poursuivant ses ruses, mais une femme mariée, ma Nancy. Mon Dieu, ce n'est pas un joli serment ; il l'avala cependant, n'osant tenter de la corriger, avec une grimace secrète.

« Oui, c'est très bien, répéta-t-elle, mais nous sommes quand même assez pauvres. Je ne serai pas un peu plus riche que je ne l'étais. Je suis peut-être plus grand, je ne sais pas ; car tes parents t'ont rejeté, Arthur, tu ne dois pas l'oublier.

"Oh! mes *potes* !" s'écria le malheureux dans sa barbe ; ce mot lui faisait mal, malgré lui. Il n'avait pas été aussi délicat autrefois ; mais c'était comme une blessure aux côtes pour Arthur. Cela le fit crier, même s'il étouffa son cri.

"Non, je ne pense pas beaucoup à ce que vous dites si c'est de la mode française", a déclaré Nancy, "la mode anglaise est bien meilleure. Au lieu de s'embêter et de se changer à longueur de journée, et de perdre son temps, il est si pratique d'épingler un peu de dentelle et de doubler les devants, et voilà une jolie robe pour le soir ; c'est ce que j'aime. Plus besoin d'aller déballer ses cartons et sortir une autre robe, c'est fait en un instant. Vous devez admettre, Arthur, que la mode anglaise est la meilleure pour cela.

Pauvre Arthur ! il pensait aux petites toilettes simples de sa sœur, si fraîches, si nettes, si simples ! et il ne le savait pas – quel jeune homme insensé le sait jamais ? que si la parure est une affaire facile, ces délicates sobriétés vestimentaires sont la plus haute quintessence de l'art. Dans les romans, qui sont les principaux représentants des jeunes femmes aux jeunes hommes et des jeunes hommes aux jeunes femmes, l'humble mariée captivante n'a-t-elle pas toujours un col et des manchettes impeccables, prêts à toute urgence, qui la rendent exquise en toutes occasions ? Pourquoi Nancy n'avait-elle pas le secret de ce petit col et de cette manchette enneigée ?

Mais tout ceci n'est qu'une digression par rapport à la lettre qu'il a trouvée dans sa poche, après l'avoir déposée là le matin de son mariage. Il le déchira avec impatience après cette conversation. Ne savait-il pas très bien ce qu'il devait y avoir dedans ? Mais il valait mieux y jeter un coup d'œil et en finir immédiatement. Il trouva cependant cela si différent de ce qu'il supposait, que la petite lettre le désarma complètement et lui enleva ses forces. Il le lut d'abord avec une telle surprise qu'il pouvait à peine en comprendre le sens, et lorsqu'il l'eut parfaitement maîtrisé, il éclata dans une brusque interruption sonore de la description la plus inintelligible.

"Quel est le problème?" s'écria Nancy ; elle était à moitié effrayée. Elle arriva à la porte de la chambre intérieure où elle se trouvait et le regarda, à moitié habillée, enveloppée dans le châle que Mathilde lui avait prêté. "Est-ce que tu ris ou pleures?" Peut-être que c'était un peu des deux ; mais en tout cas, cela lui avait laissé les larmes aux yeux.

« Regardez, dit-il d'une voix incertaine, c'est la lettre que le vieux Davies m'a donnée mardi ; puis il ajouta plus bas : « Dieu me pardonne, je ne le mérite pas », avec un demi-sanglot.

Nancy prit la lettre très froidement. Elle savait par instinct ce que cela devait être. C'était écrit avec une écriture plutôt illisible mais jolie, pas du tout semblable, mais d'une manière ou d'une autre, elle se sentait supérieure à la précision pointue de la sienne.

« Je vais à votre mariage demain, cher Arthur ; non pas pour te voir, mais pour être là, pour qu'il y ait quelqu'un qui t'aime quand même. Cela va toujours de soi. Nous pensons que vous n'avez peut-être pas assez d'argent pour faire tout ce que vous voulez, c'est pourquoi nous venons d'aller à la banque pour l'obtenir. Cher, cher Arthur, que Dieu te bénisse ! Maman secoue la tête, mais elle le dit quand même.

" LUCIE. »

Et puis il fut ajouté d'une autre main :

« Je le dis sûrement, je dois sûrement le dire toujours. Et Dieu te pardonne, oh, mon cruel garçon.

Nancy resta perplexe à ce sujet pendant un certain temps. Elle a commencé à le lire à haute voix et à le lire mal, de sorte que cela prenait un son ridicule ; puis il a ri ; tandis qu'Arthur faisait un pas furieux vers elle pour le lui arracher des mains. Elle devint alors sérieuse, ce qui lui redonna les esprits et lui fit terminer sa lecture en silence. Ce faisant, elle le lui lança, laissant tomber à terre les deux billets qu'elle contenait, et, sans un mot, se retourna et lui ferma violemment la porte au nez. Il attrapa la lettre ; mais les deux billets de cinquante livres gisaient entre lui et la porte, froissés par les doigts furieux de Nancy. Il resta pétrifié pour le moment, trop surpris pour être blessé ou en colère. Est-ce ainsi que sa femme reçut son premier appel à sa sympathie ? la première mention de ceux qui, se souvint soudain Arthur, étaient, après elle, les plus chers au monde ? D'une manière ou d'une autre, il avait oublié cela jusqu'à présent ; mais cela lui apparut soudain ; une sorte de révélation. Il en était certainement ainsi ; sa mère et sa sœur, n'étaient-elles pas ses amies les plus chères, les plus généreuses et les plus aimables ? Était-il possible que sa femme puisse lire cette lettre sans être touchée ? et pourtant elle le lui avait jeté, elle avait froissé les notes comme du vieux papier. Était-ce l'attitude qu'elle entendait adopter envers sa famille ? et il avait été si tolérant envers elle !

Nancy n'a pas dit un mot à ce sujet lors de leur nouvelle rencontre. On aurait dit qu'elle avait pleuré ; mais il ne dit rien, se plongeant dans quelque sujet indifférent avec un intérêt inhabituel. Mais il n'était pas raisonnable que le mari de trois jours puisse supporter une telle situation. Il a parlé de « la lettre de ma sœur » dès qu'il en a eu l'occasion. « Nous aurons un peu plus d'argent à dépenser maintenant, grâce à la prévenance de ma mère », dit-il.

"Oh, ta mère !" » elle s'éloigna de lui, rougissant – une couleur qui signifiait la colère comme il le savait déjà.

« Oui, ma mère, dit-il, pourquoi ne parlerais-je pas de ma mère ? Je n'ai jamais trouvé étrange, Nancy, que tu penses au tien.

- 4 -

"Le mien!" s'écria-t-elle en se retournant vers lui avec des yeux brillants, « ses pensées ont été autant pour toi que pour moi. Elle a été aussi gentille avec vous qu'avec moi, » (cela fit réfléchir Arthur ; mais que pouvait-il y répondre ?) « mais il n'y a pas un mot de moi dans toute cette lettre, pas un mot, même s'ils savaient que je devais le faire. sois ta femme quand tu l'auras.

« Que pourraient-ils dire ? Ils ne te connaissaient pas, chérie, et j'avais été bête, je n'avais pas écrit pour me concilier comme j'aurais dû le faire ; mais pour les défier. Que pourraient-ils dire ?

"Dire! c'est aussi bien que s'ils avaient dit : « Elle n'est pour nous que la saleté sous nos pieds. Ils ne pouvaient rien faire contre moi ni rien dire contre moi, alors ils me traitent comme si je n'étais pas digne d'être remarqué ; oh, c'est ce qu'ils veulent dire ! ils pensent que s'ils continuent ainsi, ils vous ramèneront à eux et vous persuaderont que je ne mérite pas qu'on pense à moi. Oh, je connais les manières des femmes !

"Vous vous trompez, Nancy, je suis sûr que vous vous trompez complètement."

« Vous pouvez en dire beaucoup ! ils ne vous montreront pas ce qu'ils recherchent. Ils vous calmeront et vous garderont sans méfiance. Oh! Je vous dis que je connais les manières des femmes.

« Vous ne connaissez pas ma mère et Lucy, dit-il en s'efforçant de se dresser contre elle, elles ne sont pas comme les femmes que vous… »

« Pas comme les femmes que je connais ? Je savais que tu en arriverais là," dit-elle violemment. « Oh, je l'ai su dès l'instant où je l'ai vue ; mais pas encore, pas si tôt. Et Nancy, vraiment blessée dans son embrasement de colère inutile, fondit en larmes de feu. C'étaient des larmes qui auraient pu être brûlantes et brûlantes alors qu'elles coulaient dans une averse très orageuse. Il n'avait jamais vu un tel torrent, et il resta abasourdi ; pas fondu comme il l'avait été auparavant, lorsque Nancy était émue de cette façon. Ici aussi, il y avait un changement. Il restait immobile, il ne se précipitait pas vers elle et usait de toutes les caresses qui lui venaient à l'esprit pour faire cesser le spectacle intolérable de sa détresse. Il l'a laissée pleurer. Il fut déconcerté par cette explosion soudaine ; et un pincement au cœur de honte pour elle se mêlait à la douleur qu'elle lui infligeait. Il avait honte que *sa femme* fût si injuste, si hâtive dans ses jugements, si violente dans ses idées fausses. Lorsqu'il s'approchait d'elle, c'était lentement, avec une hésitation bien différente de la précipitation de l'amant. Qu'elle soit si stupide *maintenant* , n'était-ce pas quelque chose de désobligeant pour lui ?

« Nancy, dit-il, je ne comprends pas comment tu peux être si… méchante. Pensez-vous que je vous offense ou qu'ils *veulent* vous offenser ? Bien sûr, vous savez qu'ils voulaient que j'épouse quelqu'un de mieux loti ; quelqu'un qu'ils connaissaient.

« Oh, laisse-moi partir, s'écria-t-elle, suffoquant de douleur et de rage à la fois, je retournerai auprès de ma mère ; et tu peux aller chez le tien, à qui tu penses tant. Qu'importe une fille ordinaire comme moi ! »

« Je pense que vous essayez de me rendre fou, dit-il, ai-je déjà hésité entre vous et ma mère ? mais je vois maintenant où j'ai fait du mal ; J'aurais dû aller vers elle et me faire une amie, au lieu de la défier. J'aurais dû t'emmener chez elle… »

"M'a pris!" elle se releva d'un bond et lui fit face, tremblante d'agitation et de fureur, « *m'a prise* ! dois- *je* être traîné vers des gens qui ne veulent pas de moi, vers des gens qui osent me mépriser ?

"Nancy!"

«Nancy! c'est tout ce que tu peux m'appeler maintenant. J'étais ton amour et ta chérie; maintenant nous sommes mariés, et je suis lié et je ne peux pas me libérer, et tu m'appelles Nancy ! Oh! si c'était à refaire, et je savais ce que je sais maintenant !

« Que diable savez-vous maintenant que vous ne saviez pas il y a une semaine ? s'écria-t-il avec une impatience au-delà des mots ; et pourtant il avait envie de rire. Que la créature passionnée qui le défiait, flamboyante d'une colère impulsive, ressente l'absence de ces amours, de ces chéris et de ces paroles tendres avec lesquelles il lui avait jusqu'alors caressé les oreilles, si ardemment qu'il désirait rompre tout lien entre elles, le frappa d'un cœur fou. un sentiment soudain de l'absurdité de leur querelle. Il s'approcha brusquement d'elle et la prit dans ses bras. « Mais tu *es* ma chérie, dit-il, quand même ; bien que vous soyez le plus déraisonnable, le plus colérique, le plus provocateur. Doux! que représente pour moi tout le monde, comparé à toi ?

Ainsi se termina la première querelle, non sans bien plus de troubles. Nancy vit peut-être aussi la folie de cette lutte impossible, et céda après une certaine quantité de flatteries, de cajoleries et de caresses. Et le nuage se dissipa si complètement que, à sa grande surprise, il se trouva capable de persuader cette mariée désespérée le lendemain matin de se procurer la robe de voyage qu'il souhaitait qu'elle ait, de se calmer en général, de se mettre au chaud et à l'aise et moins. bien. Ils traversèrent la Manche deux jours après, plus amoureux que jamais ; mais ne publiant plus leurs récentes noces dans leur apparence, avec la « soie » de Nancy soigneusement emballée au fond de sa boîte, et elle-même dans une robe bleu foncé et un petit chapeau à plumes, ressemblant plus à Mme Arthur Curtis que Nancy Bates ne l'avait jamais fait. avant. Le cœur d'Arthur battait fort de fierté et de plaisir alors qu'ils regardaient les falaises blanches disparaître. Nancy non sans un peu de sentiment naturel, car elle n'était jamais sortie d'Angleterre auparavant, et cela lui semblait une grande chose d'être hors de son propre pays et à la limite d'un « pays étranger ». Mais heureusement le passage fut très bon, de sorte qu'un sentiment non moins élevé se mêlait à ces tendres regrets. Il l'avait désormais entre ses mains, se dit le marié ; tous ses antécédents laissés derrière elle, le foyer et les relations heureusement débarrassés, et toutes les influences de sa nouvelle vie autour d'elle pour la sevrer du passé. Et comme elle s'était déjà montrée docile, comme elle était prête à se laisser convaincre ! une tendre créature, qui acceptait doucement sa dictée deux minutes après s'être révoltée contre lui ; qui avait été indigné par la lettre de sa sœur (et elle était, se dit Arthur, méchante de la part de Lucy, un peu comme une fille méchante après tout comme disait Nancy, sans parler d'elle dans ce petit mot qui se voulait si doux et si paisible) -faire), puis lui avait pardonné si franchement qu'il utilisait une partie de l'argent que Lucy avait envoyé. Cette chérie déraisonnable, incohérente, insensée, généreuse, impétueuse et au cœur doux, un homme pourrait-il désirer mieux que de l'avoir entièrement à lui pour guider ses pieds rebelles dans l'empreinte des manières d'épouse et de femme ? La méchante petite maison, la pauvre forme d'existence d'Underhayes (jeune homme ingrat ! cela lui avait semblé une vie idyllique, pleine de noble simplicité et de poésie, lorsqu'il la connaissait pour la première fois) se trouvait loin derrière, et pendant que durait la probation, cela semblait être le cas. il était naturel que l'Angleterre elle-même disparaisse et que tout ce qui était passé soit oublié ; jusqu'à ce que peu à peu il ramènerait à la maison sa fiancée, une dame dans tous les signes extérieurs, comme elle l'était, s'assurait-il dans son cœur. Il est si facile, dans l'imagination brillante d'un jeune homme, d'opérer ce changement. De même, cela se fait très rapidement dans de nombreux romans, et avec une facilité et une complétude merveilleuses ; et, comme nous l'avons dit, où, sinon dans les romans, Arthur aurait-il pu acquérir une quelconque expérience dans le traitement de cas comme le sien ? Tout s'est bien passé pendant ce voyage. C'était une belle journée du début de l'hiver ; aussi doux et chaud que novembre puisse parfois être, en contraste avec ses misères ordinaires, la mer et le ciel sont également bleus ; et si le vent était froid, qu'en était-il, le soleil brillait si chaudement qu'il neutralisait le vent. Et Nancy, au moins, était désormais bien défendue et ne devait craindre aucun refroidissement. Ses joues brillaient de la brise fraîche, ses petits cris, moitié d'alarme, moitié d'euphorie, lorsque le bateau à vapeur faisait un petit pas qui ne faisait de mal à personne, ravissaient Arthur. Elle s'accrochait à lui et se tenait près de lui, les deux mains jointes sur son bras, et ne pensait, maintenant que son moment de sentiment était passé, qu'à l'excitation de ce monde nouveau dans lequel elle se précipitait. Tous les nuages qui se trouvaient à leur horizon semblaient s'envoler.

«J'ai pensé», dit-elle, lorsqu'ils montèrent dans le wagon de l'autre côté, et Nancy eut surmonté son premier étonnement amusé et sa perplexité, «à entendre tout le monde parler et à ne pas comprendre un mot.» Ils avaient une voiture à eux seuls, bien que ce ne soit pas si facile à conduire de l'autre côté, et Arthur, ravi de sa tâche, avait commencé à lui apprendre de petites phrases en langue, ce qui, malgré ses études antérieures tant vantées, était une langue assez inconnue pour Nancy. "Je pensais-"

"Qu'est-ce que c'est? Quelque chose de très grave, à en juger par ce visage sérieux.

"Oui; quelque chose de très important. Je l'ai toujours souhaité, mais ils ne me céderont jamais. Non pas que maman ne me trouve pas tout à fait raison, mais il est très difficile de rompre avec une habitude dans une famille. Mais tu dois le faire, Arthur ; ce n'est pas une très vieille habitude chez vous.

« Quelle est cette chose formidable que je dois faire : arrêter de fumer, enlever ma moustache ? »

"Oh! Non!" s'écria Nancy, horrifiée. "Ce qu'il y a de plus gentil chez toi !" ce qui plut beaucoup à Arthur, car c'était encore assez nouveau pour lui donner une fierté sincère et honnête. «Mais je vais vous dire ce que c'est. Nancy est si vulgaire, si commune, ce n'est pas un nom pour une dame ; et cela ne sonnera pas bien ici, à l'étranger, où les gens portent de si jolis noms. Appelez-moi Anna, je l'ai toujours souhaité. J'ai été baptisée Anna Frances, vous savez.

"Et je ne pouvais pas penser qui elle était quand ils m'ont marié avec elle", s'écria Arthur. « Je t'appellerai comme tu voudras, ma chérie ; mais je préfère Nancy.

Y a-t-il déjà eu des jeunes qui ont commencé une lune de miel avec une meilleure compréhension ? Il avait prévu une centaine d'endroits où l'emmener et des choses à faire. Le théâtre tous les soirs ! Comme les yeux de Nancy brillaient ! et le Louvre, dont elle admettait bien qu'il devait être très beau, sans savoir ce que c'était ; et les jardins des Tuileries avec l'orchestre qui joue, et les belles boutiques des boulevards. Le simple fait d'entendre parler de ces délices suffisait à charmer n'importe quelle mariée. Ils devaient aller partout, tout voir, se promener et circuler toujours ensemble, sans que personne ne les gêne ; et la pièce tous les soirs ! Qu'est-ce qu'une mariée pourrait désirer de plus ?

CHAPITRE II.

P ARIS, avec toutes ses lampes et ses vitrines, éblouit Nancy. C'était avant l'époque où les ruines étaient visibles depuis cette brillante rue de Rivoli, par laquelle ils se rendaient à leur hôtel. Elle crut à une illumination en voyant les grands cercles de lumière de la place de la Concorde et la longue rangée de lampes sous les arcades, et ne put être persuadée que c'était ainsi que la plus brillante des villes se parait chaque nuit. Et lorsqu'elle ouvrit les yeux le lendemain matin sur l'éclat du soleil d'hiver et vit la luminosité et la gaieté de tout ce qui l'entourait, Nancy fut assez transportée hors d'elle-même. Elle n'était même jamais allée dans un grand hôtel auparavant, car Arthur l'avait emmenée dans des logements londoniens qu'il avait l'habitude d'utiliser, dans Jermyn Street, et qui n'étaient pas éblouissants. Mais ici, tout était beau, pensa Nancy. Ils avaient un petit *appartement* dans un des grands hôtels, donnant sur le jardin des Tuileries, avec un petit balcon ; et depuis le tapis blanc avec son bouquet, et le feu de bois étincelant qui était si clair et si propre et complétait si délicieusement le soleil, jusqu'aux miroirs, aux dorures et aux panneaux blancs des murs, tout ce qu'elle regardait remplissait Nancy d'un sentiment d'admiration. sensation délicieuse et déconcertante d'être arrivée au sommet de la finesse et de la splendeur, et d'être une dame en effet, une princesse presque, enchâssée dans un écrin de bonheur. Rien de ce qu'elle avait jamais vu au cours de toute son expérience limitée n'était à moitié aussi splendide ; et les serveurs silencieux qui couraient de long en large avec tout le luxe auquel Arthur pouvait penser, et la nourriture délicate et le service perpétuel déconcertaient son cerveau inhabituel. C'était alors ainsi que vivaient les gens formidables ! avec des tapis comme du velours, des canapés recouverts de satin, une foule de domestiques désireux de savoir ce qu'ils voulaient et de leur apporter tout ce à quoi l'on pouvait penser ; des miroirs pour les refléter de tous côtés (Nancy n'avait jamais été aussi sûre de la *coupe* de sa robe, ni ne savait aussi bien quelle était sa silhouette auparavant - et c'était une très jolie silhouette). Pas étonnant qu'ils soient heureux ! Après avoir déjeuné, une jolie Victoria, avec un tapis de fourrure pour couvrir ses genoux, se présenta à la porte, et en cela ils roulèrent partout, prenant ce qu'Arthur appelait une vue générale de Paris, de ses jolies rues, de son fleuve et de ses quais. ses boulevards, les Champs Elysées, brillants sous le soleil, avec la grande arche au bout. Quand Arthur s'arrêta pour lui laisser voir Notre-Dame, Nancy se montra respectueuse mais manqua un peu d'intérêt. Cela la refroidissait d'entrer dans une église au milieu d'une journée de semaine si peu de temps après son mariage. L'église était pour le dimanche, pensait-elle, ce n'était pas un endroit où aller au milieu des rires et des discussions. Elle ressentait cela comme un *memento mori*, un frisson soudain dans son exaltation, et supposait qu'Arthur l'y avait emmenée avec l'intention de lui rappeler son devoir et sa « dernière fin », ce qui était une suggestion qu'elle n'aimait pas.

« Maintenant, vous verrez quelque chose de tout à fait différent dans la manière ecclésiastique », dit-il en s'arrêtant dans une autre église avant de retourner à leur hôtel ; car il sentait que, d'une manière ou d'une autre, sans trop savoir comment, Notre-Dame n'avait pas réussi avec Nancy. Mais elle refusa catégoriquement d'entrer à la Madeleine.

« Je ne sais pas pourquoi vous êtes si impatient que je voie les églises », dit-elle en faisant la moue. "Je n'aurais jamais su que tu étais si religieux." Arthur s'empressa de désavouer l'imputation, comme on peut le supposer, qu'il n'aimait pourtant pas qu'elle fasse. Il n'était pas « si religieux », mais il n'aimait pas entendre les femmes parler de ce sujet – c'était « de mauvais goût ».

«C'est parce que le bâtiment est censé être beau», dit-il en se tenant à la porte de la petite voiture pour la remettre ; mais Nancy refusa fermement. Si elle ne pouvait penser à son devoir sans être emmenée dans de nombreuses églises pour lui rappeler la religion et la mort, et tout ce genre de choses, elle ne se sentait pas du tout disposée à être instruite ainsi - et ils revenaient de leur Ils conduisaient un peu silencieux, et ils n'étaient pas aussi ravis l'un de l'autre et de tout ce qui les concernait qu'ils l'étaient lorsqu'ils étaient sortis, bien qu'Arthur, pour sa part, n'ait pas la moindre idée de pourquoi.

Mais le déjeuner effaçait tout souvenir des églises et lui faisait sentir à nouveau que tout était délicieux dans son sort actuel. Non pas que Nancy soit *gourmande* ou encline à s'attarder sur ce qu'elle mangeait. Un de ces horribles luxes, connus en Angleterre sous le nom de pain de bain, l'aurait contentée, en ce qui concerne les aliments, tout aussi bien que le petit *fricandeau le plus délicat* . C'étaient les accessoires du repas qui lui parlaient, les serviteurs obséquieux, le service perpétuel, les plats d'argent, les beaux fruits sur la table et le vin mousseux dont elle avait entendu le nom toute sa vie, comme la couronne. de luxe, mais je n'y avais jamais goûté, même sous sa forme la moins chère. Nancy pensait qu'ils devaient dépenser beaucoup d'argent pour vivre ainsi. Mais elle n'était pas assez audacieuse pour intervenir à ce moment-là, et il y avait une flatterie inexprimée et subtile dans la volonté d'Arthur de la traiter comme, pensait-elle, seules les princesses, qui n'étaient pas des épouses, seraient traitées. En tant qu'épouse, Nancy savait qu'elle avait un droit normatif sur tout ce qui allait bien. Même à sa connaissance, des sacrifices ont été faits pour obtenir tout ce qui était meilleur que d'habitude, pour le moment bref mais exquis pendant lequel une jeune fille occupait ce poste officiel. Une mariée avait droit à une promenade en taxi si elle le souhaitait, à un verre de vin si elle l'aimait, à des gâteaux et des friandises, et à beaucoup de cajoleries et d'admiration. Et de porter sa plus belle robe lorsqu'elle sortait, même si cela devrait être un jour de semaine. Arthur a donné à son épouse une version glorifiée de tous ces délices, sauf le dernier, la jolie Victoria au lieu d'un Hansom, et cette expédition en France et dans d'autres régions inconnues, au lieu de la journée au Crystal Palace, que M. Raisins préférait. probablement suggérer à Sarah Jane ; même s'il était étrange qu'il s'oppose à sa «soie», la seule chose dont elle était parfaitement sûre qu'elle était juste. C'était à ce point de vue qu'elle aimait ce petit déjeuner ; et quand, l'après-midi, ils sortaient se promener bras dessus bras dessous, les boutiques des boulevards la mettaient en extase. Arthur était la complaisance même à tous ses souhaits ici. Il était prêt à rester aux fenêtres et à regarder à l'intérieur aussi longtemps qu'elle le voulait, et il l'emmenait ici et là chez des marchands de gants et des modistes, et lui achetait cent jolies bagatelles. Dans chaque magasin où ils entraient, hommes et femmes étaient si avides de savoir ce qui plaisait *à Madame* , si soucieux de prouver triomphalement que telle ou telle chose convenait à Madame, si ouvertement admiratifs, si pressants et caressants, que Nancy tournait la tête. Il semblait impossible de ne pas croire à l'enthousiasme soudain qu'elle suscitait. Serait-ce seulement les rubans, les colliers ou les gants qu'ils achetaient qui excitaient ces charmantes personnes à une admiration si chaleureuse et si apparente. Non! Nancy ne pouvait pas entretenir une pensée aussi indigne. C'était leur gentillesse, se disait-elle, et quelque chose de plus agréable encore lui murmurait au cœur que c'étaient ses propres attraits qui rendaient ces gens si gentils. N'avaient-ils pas un réel plaisir à voir une jeune mariée comme elle, si belle, si heureuse, faisant paraître bien tout ce qu'on lui demandait ? Nancy ne se flattait pas de cette manière ouverte, mais elle avait la conviction heureuse et délicieuse que tel était le sentiment qu'ils avaient en tête. Elle croyait en leur sincérité et qu'elle leur avait fait une réelle impression. N'était-ce pas ainsi que tous les gens *sympathiques* des livres, petits et grands, montraient leur appréciation pour la charmante jeune héroïne ? Nancy n'avait pas encore l'expérience des grands, et en fait c'était un effort de sa part pour garder dans son esprit la certitude qu'elle était elle-même dans une position supérieure aux maîtres et aux maîtresses, aux « demoiselles » et aux « jeunes filles ». messieurs » dans ces très belles boutiques ; il y a peu de temps, elle *les* aurait admirés ; maintenant cette conscience lui faisait tourner la tête et donnait le piquant le plus curieux à leur admiration et à leur enthousiasme pour Madame.

« Comme c'est drôle, dit-elle alors qu'ils débouchaient sur le boulevard bondé où les lampes commençaient à s'allumer, de s'appeler Madame !

Arthur avait l'air un peu étrange à cette prononciation ; mais il n'osa pas critiquer. Il fallait aller très tranquillement avec cette jeune femme susceptible. Il lui raconta de jolies choses que Monsieur dans la boutique lui avait dites pendant que sa femme essayait ses marchandises sur Nancy.

« Si vous faites autant de sensation au théâtre, dit-il, que dois-je faire ? Je ne suis personne maintenant. Je suis le domestique de Madame, son mari obséquieux.

« Ne dites pas de bêtises », dit Nancy, radieuse. « Quels drôles de gens les Français ! Est-ce qu'ils font toujours des compliments ?

« Aux gens qui y ont droit, oui ; aux jolies gens, et à ceux qui paient bien, et à ceux qui seront susceptibles de les croire.

« Arthur, comme tu es méchant ! Je ne crois pas que les gens disent si ouvertement des choses qu'ils ne pensent pas. Il faut avoir une très mauvaise opinion des autres pour penser cela.

Mais pour sa part, Nancy n'était pas tentée de le penser. Elle avait une très haute opinion de la nation française. Si elle avait pu écarter Arthur, elle aurait aimé essayer une petite conversation pour son propre compte, car ce serait délicieux de pouvoir bavarder comme Arthur le faisait et de parler à n'importe qui ; mais en sa présence elle n'aimait pas s'aventurer. Une fois de plus, ils rentrèrent à leur hôtel dans le plus délicieux état de contentement les uns des autres et du monde entier. Ils devaient dîner tôt, puis se rendre aux « Français » voir le *Bourgeois Gentilhomme* . Arthur lui avait raconté l'histoire de la pièce, et comment elle l'apprécierait sûrement, et qu'il n'y avait pas de meilleur acteur français vivant, ni d'aussi bon acteur anglais ; tout cela avait impressionné Nancy. Et elle pourrait porter sa robe rose, avec une jolie cape qu'il avait achetée, un manteau algérien d'une blancheur douce, avec des fils d'or, et une fleur dans les cheveux. Le cœur de Nancy battait à la pensée de toute cette gaieté et de cette grandeur. Il lui avait acheté aussi un joli éventail ; et ils devaient avoir une boîte, ce qui était une chose qui lui transmettait des idées très magnifiques. S'asseoir là, trônant comme une jeune princesse, et se laisser admirer pendant que les meilleurs acteurs faisaient de son mieux pour l'amuser, au milieu de ce que l'imagination lui avait toujours peint comme, après un bal, le plus séduisant des plaisirs. , un théâtre gaiement éclairé et brillant, quoi de plus délicieux ? Et au début, Nancy était aussi heureuse qu'elle s'y attendait. Lorsqu'elle regardait du coin de la loge aux rideaux de soie la foule lumineuse et multicolore, il lui semblait qu'elle pouvait comprendre un peu ce que la reine devait ressentir lorsqu'elle s'avançait pour remercier ses fidèles sujets de leur aimable accueil de sa part. La moitié des gens semblaient lever les yeux avec admiration et étonnement. Elle ne s'était jamais sentie aussi bien auparavant. Comme elle se souvenait bien, au temps de son humilité, où le plus haut qu'elle pouvait espérer était les loges supérieures, regardant de belles dames entrer dans leur loge et jetant un regard insouciant et splendide sur la compagnie bruissante d'en bas avant de s'asseoir. Et maintenant, c'était elle qui était la belle dame dans la boîte. Y avait-il, peut-être, quelque part une pauvre fille comme Nancy Bates, regardant la charmante nouvelle venue, l'examinant et l'enviant d'un regard mélancolique dans tous ses atours, la regardant regarder la foule de haut, puis s'enfoncer gracieusement dans son fauteuil alors que Nancy l'avez-vous fait, à moitié retiré derrière le rideau ? Il lui semblait qu'elle était deux personnes, elle-même dans la boîte : Mme. Arthur Curtis et Nancy Bates qui regardent depuis sa place inférieure ; et cela doublait le plaisir de la manière la plus merveilleuse. Comme elle aurait tout remarqué, le beau manteau blanc avec ses fils d'or, la fleur dans les cheveux de la dame, sa robe, et tout d'elle ! et avec un grand intérêt, mais moins captivant, le beau jeune mari qui complétait ses affaires et lui était si « dévoué ». Nancy n'aurait guère eu d'yeux pour la pièce dans son admiration pour la belle dame ; et maintenant, elle était elle-même la belle dame, en pleine possession de toute la grandeur qu'une loge de théâtre pouvait conférer ! Comme c'était merveilleux et délicieux ; mais peut-être pas tout à fait aussi délicieux et merveilleux que cela avait paru à Nancy dans la fosse.

Mais quand le rideau s'est levé, Nancy n'était pas si sûre que ce soit délicieux. Elle n'était pas assez à son aise pour entrer même dans la franche plaisanterie du *Bourgeois Gentilhomme* . Elle regarda M. Got avec curiosité et doute. Sans aucun doute, cela doit être très amusant, car tout le monde a ri, et Arthur aussi ; mais Nancy ne pouvait pas rire. Que voulait dire ce drôle d'homme sur scène par toutes ses étranges pitreries ? - essayer ses vêtements en public, escrimer avec sa servante, faire de sa bouche un O rond, quand l'homme encore plus drôle au costume noir de sorcière ce qui lui a ordonné de le faire. Tout cela lui était étrange. Elle s'inquiétait de lui et ne parvenait pas à le distinguer. "Que dit-il?" murmura-t-elle à Arthur alors qu'il y avait un rire plus sauvage que d'habitude ; mais avant qu'elle puisse comprendre ce qu'Arthur lui avait répondu en riant, il y eut un autre éclat d'amusement, et elle fut de nouveau expulsée. Au début, la sensation n'était que déception, mais peu à peu elle devint irritation. Elle ne supportait pas de se sentir la seule à ne pas savoir. En haut de la galerie au-dessus d'elle, elle apercevait une petite Française à casquette qui s'amusait de tout son cœur. Et Arthur, bien qu'il essayait d'expliquer toutes les blagues, les oubliait de temps en temps, et s'adonnait également au plaisir, et ne pensait jamais à elle assise là, qui ne savait pas ce que cela signifiait et ne pouvait pas en profiter. Le sourire dubitatif qu'elle gardait sur son visage pendant la première ou les deux premières scènes céda la place à un regard fixe et quelque peu maussade. Elle fixait obstinément ses yeux sur la scène et regardait la fête avec un visage antipathique, vide et immobile. Si M. Got l'avait vue, elle eût été pour lui comme un beau cauchemar ; et en effet, cet acteur inimitable faisait toutes ses farces devant Nancy sans lui transmettre une seule idée humoristique, ni un seul sourire sur son visage. Comme elle devenait lasse, fâchée, ennuyée et malheureuse tandis que la maison résonnait de rires, et que tout ce plaisir se poursuivait sous ses yeux, maintenant endoloris par le regard ! Pendant tout ce temps, la petite Française à casquette, là-haut, une pauvre petite fille qui n'était même pas du tout l'égale de Nancy Bates, riait jusqu'à en avoir les larmes aux yeux ; et Arthur riait, infatigable aussi, même s'il se demandait parfois un peu pourquoi Nancy devait être si silencieuse et lui lançait des regards anxieux auxquels elle ne répondait pas, mais gardait les yeux rivés sur la scène. Lorsque le rideau tomba, elle poussa un soupir de soulagement, mais tourna le dos à Arthur et ne voulut pas répondre à ses questions sur la façon dont elle avait apprécié cela. Apprécié! Comment pouvait-il lui demander, lui qui n'avait fait que rire et qui ne s'était jamais soucié d'elle. Quand il se leva, elle se leva aussi, mais repoussa ses tentatives pour l'envelopper plus étroitement dans son manteau.

"Il fera très bien l'affaire tel quel", dit-elle en le lui arrachant des mains.

"Quel est le problème?" » demanda-t-il mélancoliquement, en passant son bras sous le sien, non sans une petite résistance de sa part.

"La question? Quel devrait être le problème ? Je suis seulement fatiguée et je serai heureuse de rentrer à la maison », a déclaré Nancy.

«Je t'ai fait trop faire. Je t'ai traîné et épuisé, ma pauvre chérie ! s'écria Arthur, et il était plein de remords, la portant à moitié en bas. Mais lorsqu'ils montèrent dans le petit *coupé* qui les attendait, elle éclata.

« Je ne vois pas ce qu'il y avait de si amusant. Je ne pense pas que cela puisse être du bon français », s'écrie Nancy. « Je ne prétends pas pouvoir parler comme toi, mais j'ai appris le français à l'école et je suis sûr que je pourrais comprendre si c'était bien. Vous appelez ça jouer ! Je ne pensais pas du tout qu'il était intelligent.

« Mon amour, dit le pauvre Arthur, c'était le grand Got, le meilleur acteur comique du monde, je crois. Je n'ai jamais vu quelqu'un comme lui.

«J'en ai vu une douzaine de mieux», s'écria Nancy. "Qu'est ce qu'il a fait? rien d'autre que se ridiculiser, enfiler ces vêtements ridicules, et danser, chanter et apprendre des leçons, un vieil homme ! Le grand Go! J'aurais aimé qu'il parte, j'en suis sûre, bien avant qu'il ne parte, dit-elle, reprenant un peu ses esprits grâce à son jeu de mots. Mais le processus n'a pas eu autant de succès en ce qui concerne Arthur. Il ne dit rien, mais haussa les épaules, ce qu'elle ne s'aperçut heureusement pas.

«Je vois», dit-il enfin. « Ce n'est pas le genre de jeu d'acteur qui vous tient à cœur ; les promenades plus hautes vous plairaient peut-être mieux. Nous essaierons demain quelque chose de tout à fait différent.

"Oh, demain!" dit-elle avec un petit frisson. Cet enchantement de la pièce avait déjà explosé pour Nancy ; et elle se rappelait avec consternation qu'ils étaient convenus d'aller *tous les soirs* au théâtre ! Était-ce ainsi que sa vie devait se dérouler ? Elle pensait avec regret à sa mère et à ses sœurs assises autour de la table, discutant de tout ce qui s'était passé et de tout ce qui allait arriver. Le salon était sombre, et elle y avait pensé avec un recul étonnant, à moitié dégoûté, en comparaison de son *appartement* et de toutes ses coquetteries, de ses tapis et de ses rideaux blancs ; mais elle n'avait jamais été aussi fatiguée, aussi fatiguée d'essaycr d'être heureuse à la maison. Le petit feu de bois, cependant, brûlait vivement, les bougies de cire allumées, et le joli salon paraissait très confortable quand ils revinrent à l'hôtel, qu'ils commencèrent à appeler « chez eux », avec une profanation facile de ce mot. dont les Anglais sont fiers. Arthur la plaça dans un fauteuil confortable, lui fit prendre du vin, la caressa et la consola. Pauvre Arthur, lui aussi était déçu, mais il le cachait vaillamment. Son caractère se développait dans cette épreuve inattendue, il devenait patient, indulgent, prêt à toutes sortes de compromis et de sacrifices, pour que sa jeune épouse soit heureuse. Il n'avait pas été aussi bon ni aussi indulgent dans ses anciennes relations, quand tout avait été fait pour lui plaire ; mais dans le mariage, si l'un ne veut pas être accommodant, pourquoi l'autre le doit-il, cela ne peut changer cette nécessité de la nature. Cette union qui a tant coûté ne doit pas être un échec. Si elle ne veut pas faire d'efforts, il le fera. Il ravala donc sa déception à l'égard de la soirée immédiate et à l'égard de la diminution des ressources futures, ce qui, si Nancy ne pouvait pas être amenée à aimer le théâtre, serait très grave, ainsi que sa déception plus profonde, qu'il ne permettait guère. à se regarder, de trouver chez Nancy moins de compréhension qu'il ne le pensait. Il s'assit un peu près du feu lorsqu'elle fut couchée et réfléchit à tout cela. Après tout, il n'était peut-être pas anormal qu'une jeune fille sans expérience et ne comprenant pas le français n'apprécie pas d'un seul coup Molière, même interprété par Got. Était-ce prévisible, était-ce probable ? Arthur commença à se dire que sa déception était due à ses attentes exagérées et qu'il avait été très stupide ; pauvre Nancy, quelle épreuve il lui avait fait subir ! Mais il ne se découragerait pas, il réessayerait. Quelque chose de romantique et de sensationnel à la Porte Saint-Martin, ou une comédie sentimentale, comme celle qui se déroule au Gymnase, feraient mieux. Il essaierait ça, quelque chose qui l'intéresserait. Arthur en savait beaucoup sur les théâtres, et il était sûr que l'un ou l'autre répondrait à ses besoins. Mais il y avait une vague dépression dans son esprit, malgré le feu vif et les tapis blancs si chauds et si doux. Cette première tentative n'avait pas été un succès. Nancy n'avait pas répondu à son appel ; c'était, supposait-il, sa faute, mais c'était déprimant. Il n'y avait rien de blessant pour Nancy dans la comparaison qui s'imposait. Il pensa involontairement à Lucy, à quel point elle aurait ri du jeu de Got, avec quelle légèreté elle serait entrée et s'assied avec lui autour du feu, aurait parlé de tout cela et aurait apprécié cela une seconde fois. Cela ne prouvait que les avantages de l'éducation - cela ne prouvait rien de plus - et il ne voulait pas changer Nancy pour Lucy, ni abandonner les aventures de cette étrange et inquiétante double existence qui, une fois commencée pour lui, ne pouvait jamais finir. sauf par la mort. Les petits échecs, les périls continus de l'opposition et de la résistance, l'excitaient du moins, s'ils ne le ravissaient pas. La vie n'était plus docile et monotone quoi qu'on puisse dire.

CHAPITRE III.

Le lendemain, Arthur fit une nouvelle expérience avec son épouse. C'était une des choses qu'il lui avait promises lorsqu'ils parlaient de Paris, et il ne lui était pas venu à l'esprit que le nom même du Louvre ne lui donnait aucune idée. Elle avait été tout à fait disposée à l'accepter comme quelque chose de vaguement splendide qu'elle devait voir, mais c'était tout. Il l'emmena à travers les vastes cours ensoleillées avec un petit frisson d'attente, surtout agréable, mais avec une touche de doute qui rendait peut-être la chose plus excitante. Arthur n'était pas lui-même très instruit en art, ni passionné par celui-ci. Il savait ce qu'un jeune homme de sa race pouvait difficilement échapper à la connaissance : il savait quels étaient les tableaux que tout le monde admire ; il avait toute sa vie été habitué à croire qu'il les admirait, et avec association, avec foi, avec quelque sens naturel de la beauté, dont peu d'esprits sont tout à fait dépourvus, il aimait à aller les regarder de loin. de temps en temps quand il s'y trouvait, et il avait une certaine connaissance des grandes galeries de tous les endroits qu'il avait visités. Il connaissait assez le Louvre pour s'y retrouver, pour pouvoir conduire un néophyte d'un grand tableau à l'autre, et même pour avoir ses coups de cœur au Salon Carré. Cela ne nécessite pas une très haute appréciation de l'art, ni une grande connaissance réelle de ses productions ; mais pourtant c'était comme la plus haute connaissance et la fureur la plus folle en comparaison de l'ignorance et de l'indifférence absolues qui existent dans la classe dont Nancy était issue. Une jeune fille moins intelligente que Nancy, issue de la position sociale un peu élevée où l'on sait que les tableaux sont des choses qu'on admire et que leur admiration est une preuve de supériorité tant par le rang que par l'intelligence, aurait su acquitter elle-même dans une telle urgence. Elle aurait parcouru ces galeries avec un élan de joie indiscriminée, trouvant tout beau, ou, au pire, elle aurait suivi l'exemple de son mari et admiré ce qu'il admirait. Mais Nancy n'avait pas encore reçu d'éducation jusqu'à présent. Elle ne savait rien d'eux, n'avait jamais entendu parler de Raffaelle ou de Murillo, et quand Arthur dit : « C'est la fameuse Assomption », elle regarda fixement, n'en ayant jamais entendu parler auparavant ; puis tourna les yeux de haut en bas, regardant autour d'elle avec cette idée qu'une chose vaut une autre, qui est l'essence même de l'ignorance. Elle n'avait même pas assez de connaissances pour se rendre compte qu'il devenait de feindre un intérêt.

« Quelles belles salles pour danser ? Est-ce qu'elles sont toutes entretenues pour rien d'autre que des photos ? » dit-elle, par déférence pour son intérêt apparent. Nancy n'a pas dit d'images stupides, comme elle l'avait prévu ; et il est impossible de décrire le sentiment de déception, l'ardeur instructive du pauvre Arthur, qui éprouvait sa propre conviction, jusqu'alors superficielle, que tout esprit ordinairement bien doté doit s'intéresser aux tableaux, à la fois confondus et intensifiés par le vide absolu de sa fiancée.

« Ma chère Nancy, la France en est plus fière que de tout ce qu'elle possède. C'est l'une des plus belles collections au monde.

«Je suppose qu'ils valent beaucoup d'argent», dit-elle en les regardant avec calme, mais avec un certain respect fondé sur cette considération. Elle regardait ce mur divin auquel sont suspendues le grand Murillo, la Vierge du Jardin et celle du Voile, la fascination pénétrante et latérale de la Joconde, et bien d'autres merveilles ; et son calme d'incompréhension était presque sublime. Certains étaient « jolis », pensait-elle ; mais elle tira un peu le bras d'Arthur pour continuer, ne sachant pas pourquoi il souhaitait rester si longtemps et continuer à chercher alors qu'elle avait tout vu. Certes, il était assez naturel de respecter les choses qui valaient beaucoup d'argent, les grands vases, par exemple, dans les vestibules, dont elle avait estimé qu'ils devaient valoir beaucoup, bien qu'ils ne soient pas jolis. Il était difficile d'associer la même idée de valeur aux images, mais Nancy supposait que personne n'en ferait autant d'histoires sans cela.

"Argent!" Arthur dit, avec un petit gémissement, puis en tirant le meilleur parti possible comme il apprenait à le faire : « Oui, chérie, beaucoup d'argent – et plus que de l'argent. Chacun d'entre eux vaut presque plus, même en argent, que tout ce que vous et moi possédons au monde.

"Quelle honte!" s'écria Nancy, « de vilaines vieilles choses », et elle le tira un peu. Puis elle s'arrêta une seconde devant Leonardo dans le coin et éclata de rire. « Quelles drôles de femmes ! pourquoi sont-ils assis sur les genoux l'un de l'autre ? C'est le plus drôle que j'ai vu jusqu'à présent", a-t-elle déclaré.

« Chut, Nancy ! c'est un peintre très célèbre ; mais je ne peux pas dire que je l'aime, dit Arthur dans sa veine didactique. " Celui de l'autre côté est aussi le sien — la Gioconda comme on l'appelle — je l'aime mieux. "

«Pas moi», dit Nancy; « n'est-elle pas *profonde* ! Je ne supporte pas les gens avec ce regard. Elle est exactement comme Lizzie Brown chez elle à Underhayes – tu te souviens de Lizzie Brown, Arthur ? Allez, je suis sûr que nous sommes restés assez longtemps ici.

« Comme tu voudras, » dit-il avec un soupir ; mais il y en a d'autres que j'aurais aimé vous signaler…

«C'est joli», dit Nancy en désignant une copie aux couleurs vives que réalisait l'un des nombreux ouvriers du Salon Carré. « Ne peut-on pas regarder ce qu'ils font ? ils peignaient chez eux s'ils ne voulaient pas être vus. Oh, ils *copient* , n'est-ce pas ? Je suis sûr que c'est beaucoup plus joli que le vieux truc sur le mur. Pourquoi copient-ils ?

«Pour vendre principalement», dit Arthur avec une certaine maussade dans son désespoir.

« Oh, pour vendre ! Je suppose que les gens aiment les accrocher dans leur chambre ? comme c'est curieux ! Je préférerais de loin avoir une photo de toi.

Jusqu'à présent, Arthur était tombé dans des profondeurs de découragement de plus en plus basses. Il s'était dit que tous ses efforts n'étaient que des échecs, qu'il ne pouvait rien faire et qu'il devait renoncer ; mais maintenant, il se réjouissait de façon tout à fait inexplicable, tout à fait déraisonnable. Il n'y avait rien dans ce qu'elle avait dit qui jetait un nouvel éclairage sur les capacités de Nancy et la réhabilitait à ses yeux, et pourtant, d'une manière ou d'une autre, c'était le cas. Un soudain et tendre regret pour le jugement sévère qu'il avait formé lui vint à l'esprit, l'adoucissant et le fondant. Il se sentait disposé à lui demander pardon à genoux.

« Espèce d'idiote, dit-il, que veux-tu avec ma photo ? Si c'était de vous, cela pourrait valoir quelque chose ; mais dis-moi, Nancy, si je devais t'acheter quelques-uns de ces exemplaires, lequel choisirais-tu ?

« Je n'en veux pas ; vous achetez déjà trop de choses. Eh bien, peut-être *ça* , dit Nancy au hasard en désignant le tableau que le goût français intitule *La Belle Jardinière* . C'était une hypothèse assez chanceuse.

"Tu l'auras, ma chérie," s'écria Arthur ravi, "je savais que tu avais un vrai goût au fond du cœur."

"Oh non, pas moi", s'écria Nancy en haussant les épaules et en l'entraînant, "je m'en fiche. C'est seulement le premier qui a attiré mon attention. Passons rapidement par les autres pièces ; nous sommes ici depuis si longtemps. Vous ne devez pas acheter cette chose, que dois-je en faire ? Je n'aime pas vraiment les photos. Certes, ils rendent une pièce plutôt agréable quand ils ont de jolis cadres ; mais nous n'avons même pas de pièce où les pendre. Mais je vais vous dire ce que je voudrais faire, continua-t-elle en le faisant sortir et entrer dans les petites pièces. « Allons nous faire photographier, Arthur, *ensemble* , dans un joli grand format. Ce sera un mémorial de Paris bien plus joli. Et puis maman aimerait tellement qu'on l'accroche dans le salon et qu'on le montre à tout le monde. Il faut lui apporter un cadeau quelconque, et cela nous ferait plaisir aussi. Elle l'aimerait bien mieux que cette dame rose avec le petit garçon.

« Pour l'amour du ciel, ne décrivez pas l'image comme ça ! Savez-vous que c'est une Raffaelle célèbre, dit Arthur, d'autant plus horrifié que quelqu'un ait entendu sa jeune voix confiante et se soit retourné pour l'admirer.

« Qu'est-ce qu'un Raffaelle célèbre ? Je ne prétends pas en savoir quelque chose ; et je préférerais de loin avoir une photo de toi ; mais ce qui serait vraiment délicieux, ce serait d'être photographiés ensemble. Je me demande si je n'y ai jamais pensé auparavant. Allons chercher quelqu'un dès que nous sortirons de cet endroit stupide. Oh oui, j'ai vu tout ce que je voulais voir.

Pauvre Arthur ! il était heureux qu'elle veuille un portrait de lui-même. Ce contact flatteur pansait un peu ses blessures, et tandis qu'elle le poussait de nouveau dans les rues lumineuses de l'hiver (poussant elle-même un soupir de soulagement lorsqu'ils étaient à peu près sortis des galeries), il se disait avec la nouvelle philosophie qui l'avait amené : venez à son secours : Eh bien ! Comment pouvait-on s'attendre à ce qu'elle s'intéresse aux tableaux, elle qui n'en avait jamais vu ? Bien entendu, cette anticipation était tout à fait absurde de sa part. L'art exige une éducation spéciale. Plonger un esprit simple, sans aucune formation, sans aucune préface, directement dans les profondeurs de Léonard, de Raffaelle, du Pérugin, a-t-il jamais été aussi déraisonnable ? et puis s'attendre à ce qu'elle comprenne tout de suite ! Le pauvre garçon sentait qu'il avait été dur avec sa Nancy, Dieu sait, sans le vouloir. Et puis quelle jolie idée elle avait de la photographie ! Il avait un peu grimacé à l'idée de le faire accrocher dans le salon de Mme Bates et de l'exposer à tous ses amis ; mais c'était un sentiment dérisoire – et quoi de plus naturel et de plus délicieux que de souhaiter un tel souvenir de leur lune de miel ? Qu'elle soit si enthousiaste à ce sujet n'était pas une preuve qu'elle était heureuse, malgré toutes les petites inquiétudes liées à sa nouvelle position et ses efforts peu judicieux pour la forcer à suivre son propre code conventionnel des bonnes choses à faire. être admiré ? Tout cela était une question d'éducation, il en était sûr. Il n'avait pas pensé qu'il en serait ainsi auparavant. Il avait cru, dans son ignorance, qu'un beau tableau était comme un beau paysage, compréhensible pour tous ; mais ensuite Arthur se souvint de ce qu'il avait lu quelque part, selon lequel il s'était écoulé très longtemps avant que les gens ne commencent à admirer la nature, qu'il y a une génération ou deux, les Alpes n'étaient que d'horribles déserts enneigés et que les montagnes étaient généralement considérées comme des obstacles et des horreurs par l'esprit commun. . Cela montrait clairement (se disait-il) que l'éducation était tout. Non seulement cela *entraîne* l'œil, mais on pourrait dire qu'il le crée, donnant des perceptions de beauté qui n'existaient pas auparavant. Ce fil de pensée l'occupait tandis qu'il parcourait les rues lumineuses, attiré par l'empressement de Nancy vers l'une des boutiques où ils avaient fait leurs précédents achats, pour s'enquérir d'un photographe. Elle était tellement enthousiasmée à cette idée qu'elle poursuivit la conversation et couvrit son silence ; et il avait mené sa réflexion à un terme des plus satisfaisants, concluant que Nancy avait vraiment fait preuve d'originalité dans ses remarques et que c'était une simple absurdité de sa part de chercher à obtenir des connaissances en art auprès d'elle - au moment où ils arrivèrent au magasin, où ils furent reçus avec la satisfaction la plus cordiale, et où il y avait beaucoup de choses nouvelles à voir que Nancy admirait beaucoup. Le commerçant n'eut aucune difficulté à désigner un artiste de sa connaissance qui, sans doute, rendrait justice à Madame, et serait trop fier et trop heureux d'avoir un tel sujet. Arthur, cependant, revint à lui-même lorsqu'ils eurent atteint cette longueur, soit par le côté pratique qu'impliquait l'achat de quelques jolies choses pour Nancy, soit par le fait qu'il lui avait prouvé, à son entière satisfaction, qu'il avait tout à fait raison de le faire. indifférence aux tableaux du Louvre ; et il lui restait assez de bon sens pour éviter la recommandation du *modiste* et emmener Nancy chez un très bon photographe qui leur donna rendez-vous pour le lendemain. Ils étaient tous deux très exaltés par cet engagement. C'était quelque chose à faire ! Ils rentrèrent à leur hôtel dans l'après-midi, consolés et heureux, en discutant. Et tandis que Nancy se reposait et retirait sa robe pour la soirée, Arthur alla feuilleter les journaux comme par devoir. Il prit le dernier « Times » et se cacha derrière son ample drap ; mais il n'a pas tiré grand profit de sa lecture. Même si vous faites clairement comprendre qu'il n'est pas raisonnable d'attendre de votre épouse qu'elle s'intéresse aux choses intéressantes de l'endroit où vous vivez, il est impossible de nier qu'il est très embarrassant de ne pas l'être. Une jeune fille effrayée et glacée par Notre-Dame, fatiguée aux Français, indifférente au Louvre, que pouvait faire d'elle son pauvre jeune mari ? Le temps n'était pas favorable à ces excursions si faciles en été. Et d'ailleurs quel intérêt pouvait avoir Versailles, par exemple, pour celui qui ne connaissait rien du Grand Monarque, et n'avait sans doute jamais entendu parler de Marie-Antoinette ? Les gens n'épousent pas leur femme ou leur mari parce qu'ils comprennent Molière, qu'ils aiment les Grands Maîtres et qu'ils connaissent l'histoire du continent ; mais il est déconcertant d'être à Paris, ou ailleurs d'ailleurs, avec un nouveau compagnon qui n'a de relations avec rien, et qui est à la fois indifférent et ignorant de tout ce qui se passe dans le passé. Que devait-il faire d'elle ? Où devait-il l'emmener ? Le pauvre Arthur était perplexe derrière son « Times » et ne savait pas.

Ce soir-là, il l'emmena au Gymnase, et d'abord le sort parut le dire. Nancy, pour le premier acte, s'est concentrée sur la scène, et ce ne fut certainement pas un échec aussi grand que celui des Français. On faisait beaucoup d'amour et cela l'intéressait. Mais cela s'est terminé comme avant, dans le dégoût et la lassitude.

« J'aimerais que tu ne m'emmènes pas dans de tels endroits, s'écria-t-elle, est-ce parce que tu as peur d'une soirée à la maison ? Quand nous serons installés chez nous à Underhayes, vous serez obligé de me supporter, il n'y aura pas de jeu là-bas.

Ce discours fut particulièrement irritant pour Arthur, car il n'avait pas la moindre intention de s'établir à Underhayes, et le fait de le tenir pour acquis lui causa un pincement qui était principalement de la terreur. Serait-il capable de résister à la certitude qui s'était ainsi imposée dans l'esprit de Nancy ?

« En effet, dit-il, je serais heureux de rester à la maison. En fait, peu importe
où je suis, du moment que vous y êtes aussi. Je n'aime pas la pièce.

« Alors, qu'est-ce que tu fais ? Ah ! Je sais, pour me peaufiner, pour
m'apprendre à me comporter, pour remédier à mon éducation défectueuse.
Cela fut répété une fois de plus dans la voiture alors qu'ils rentraient chez
eux.

« Nancy, tu n'es pas gentille, » dit Arthur, « pourquoi devrais-tu me parler
ainsi ? Je ne sais rien de l'éducation défectueuse. Je t'ai emmené pour t'amuser.
Vous pensiez que cela vous plairait.

«Je ne savais pas qu'ils étaient de si mauvais bâtons», a déclaré Nancy, «je ne
pensais pas qu'ils bavarderaient ainsi leur français. Les gens dans les magasins
parlent beaucoup mieux. Je ne les confonds jamais ; et ça m'inquiète d'avoir
l'air si stupide », a-t-elle ajouté en cédant. « Je ne devrais pas m'inquiéter de
moi-même ; mais ça a l'air si dommage pour toi d'avoir une femme qui ne
comprend pas.

"Pour moi, ma chérie!" s'écria Arthur ravi. "Est-ce que j'en ai quelque chose
à faire? Une soirée à la maison sera bien plus agréable ; mais ma femme n'a
jamais l'air stupide, elle ne peut pas avoir l'air stupide », dit le jeune homme
insensé. Et encore une fois, tout allait bien.

Ainsi le cours de leurs journées de miel ne se déroulait pas sans fluctuations.
Ce qu'il avait dit dans sa bêtise était vrai jusqu'à présent, Nancy n'avait pas
l'air stupide. Elle avait l'air insouciante, provocante, indifférente, méprisante
à l'égard de ce qu'elle voyait, comme de quelque chose qui ne valait pas la
peine même d'un effort pour comprendre ; mais il n'y avait à aucun moment
rien de stupide dans son aspect, et malgré elle, de vagues lueurs de
compréhension passèrent dans l'esprit de la jeune fille. Des lueurs qui ne
l'éclairaient pas alors ; mais qui a travaillé dans le chaos, en dehors de toute
volonté de sa part. Sa volonté était résolument opposée, à rejeter toute
possibilité d'amélioration et l'idée d'être instruite à la hauteur de son mari.
N'était-elle pas aussi bonne que lui au départ, sa famille n'était-elle pas aussi
bonne que la sienne, sinon meilleure ? Pas si riches, mais des gens plus gentils
et plus gentils, qui doivent être soutenus dans leur simplicité au-dessus de
toute tentative de les rabaisser. L'énergie mentale native de Nancy se heurtait
à un vigoureux mépris à l'égard de toute tentative visant à la séparer de sa
propre race et à l'identifier à la sienne. Penser à son ancien moi dans la fosse,
admirer son nouveau moi triomphant dans une loge privée était une
sensation qui, si délicieuse soit-elle, venait d'elle-même et n'était trahie à
personne. Si Arthur avait semblé penser à cette différence, Nancy aurait
proposé immédiatement de descendre jusqu'à la fosse comme plan
préférable. Elle avait fait une immense ascension dans l'échelle sociale par
son mariage ; mais elle n'avait jamais eu l'intention d'admettre, même si elle

devait en mourir, que l'ascension avait quelque importance pour elle, ou qu'il était opportun de changer ses manières ou ses moindres actions à cause d'elle ; n'était-elle pas « assez bien » pour Arthur ? Alors pourquoi Arthur a-t-il choisi de l'épouser ? C'était lui qui le lui avait demandé, aurait-elle dit, pas elle qui le lui avait demandé. Il s'était engagé à la prendre pour le meilleur et pour le pire ; mais elle ne s'était pas engagée à changer quoi que ce soit dans sa vie ou ses habitudes à cause de lui. Et elle n'en avait pas l'intention. Ce n'était pas une bonne dame ; elle ne voulait pas ressembler à une belle dame. Il valait bien mieux que tout le monde sache ce qu'elle était et qui elle était dès le début. L'idée qu'Arthur avait entamé un processus d'éducation lui vint brusquement après cette visite au Louvre ; pourquoi avait-il tant tenu à ce qu'elle admire tout ? Pourquoi devrait-il l'emmener au théâtre ? Il voulait qu'elle apprenne le français ; mais elle n'apprendrait pas le français. Elle n'avait pas demandé à Arthur de l'épouser ; c'était lui qui le lui avait demandé, et il devait en assumer les conséquences. Elle n'avait aucune envie d'être ici à Paris. Il vaudrait bien mieux avoir une petite maison à Underhayes, où elle pourrait montrer son avancement à ceux qui la connaissaient, et se distinguer dans le seul cercle où elle souhaitait encore se distinguer. Telle était la pensée de Nancy. Cela était curieusement troublé par les pensées nouvelles qui surgissaient en elle malgré elle ; mais elle s'y accrochait quand même. Elle reviendrait sur le premier grief de sa robe, la soie rose dans laquelle il ne la laissait pas voyager, longtemps après avoir été convaincue que la serge bleue était meilleure et plus confortable, et même plus belle, ce qui était le plus difficile. doctrine de tous. " soie." Elle ne céderait pas. Elle n'essaierait pas de s'adapter aux « manières » auxquelles il était habitué. Les Bates étaient aussi bons que les Curtis, et elle le prouverait. Mais chaque jour, malgré elle, Nancy prenait de plus en plus conscience à quel point ses habitudes étaient différentes de celles de son mari, combien ses façons de penser étaient différentes des siennes. Mais elle ne céderait jamais, jamais, se disait-elle. C'était lui qui le lui avait demandé, pas elle qui le lui avait demandé.

C'était bien différent du désir ardent d'Arthur de faire comprendre, après chaque nouvelle démonstration de la différence qui les séparait, que Nancy ne pouvait agir autrement, qu'il était absurde d'attendre autre chose d'elle. Il était de loin le plus humble des deux, le plus tolérant et le plus indulgent. En effet, Nancy ne s'est pas montrée indulgente du tout. Elle s'offusqua d'un regard et s'enflamma d'une colère soudaine à la simple possibilité d'une suggestion de quelque chose de désobligeant ; tandis qu'il portait d'innombrables petits traits lancés contre sa famille, contre de belles personnes qui se croyaient supérieures, contre des manières délicates et des préjugés sur l'habillement et les modes de vie. Chaque fois qu'elle montrait son ignorance plus ostensiblement que d'habitude, ou qu'elle se montrait plus douloureusement incapable de prétendre à quelque droit sur elle, le pauvre Arthur se replongeait une fois de plus dans ses pensées, se prouvant que c'était cela qu'il aurait dû chercher, que rien d'autre n'aurait été naturel. Il la justifiait ainsi pour tout ce qu'elle faisait et tout ce qu'elle se révélait incapable de faire. Mais c'était quand même un processus assez éprouvant, et la conclusion à laquelle il arriva au bout d'une semaine fut que Paris n'était pas un endroit propice à la lune de miel. La lune de miel est plus difficile en hiver qu'en été. Il y a tellement plus à faire dans la dernière saison, et le plein air harmonise beaucoup de choses. Alors que deux êtres peu habitués à la société l'un de l'autre, peu intéressés aux mêmes occupations, élevés de manière tout à fait différente et sans ressources, enfermés ensemble même dans un beau petit appartement d'un bel hôtel de la rue de Rivoli, que sont ils doivent faire ? La photographie était une occupation charmante pour une journée, et elle fut assez réussie, aussi réussie que les photographies le sont jamais, et fut l'objet d'une grande admiration chez Underhayes, lorsqu'elle était réalisée dans un cadre de velours. Nancy l'a renvoyé chez elle.

«J'espère que vous allez bientôt me suivre», a écrit Mme Bates, et Nancy a donné la lettre à son mari pour qu'il la lise. Certes, Paris n'a pas eu beaucoup de succès. Ils s'étaient contentés de promenades et de promenades après cette triste journée au Louvre, étaient allés au Bois, un peu nu à cette époque de l'année, se promenaient et se fatiguaient. Et le soir, ils s'étaient assis « chez eux » à l'hôtel. Mais Nancy n'avait rien à faire, pas même un petit travail de fantaisie, et quand Arthur lui fit la lecture, elle s'endormit ; et ils se couchèrent très tôt, ce qui, tous deux, estimait que c'était toujours une chose vertueuse, quoique plutôt ennuyeuse. Et ainsi quinze jours de lune de miel ne se terminèrent pas très gaiement.

CHAPITRE IV.

«Je ne pense pas que vous vous souciez de Paris», dit Arthur à sa femme. Ils se rendaient au Bois, il pleuvait fort et ce n'était pas gai. Il y avait moins de querelles dans cet intervalle ennuyeux, mais peut-être cela n'améliorait-il guère la vivacité, s'il ajoutait un peu au bonheur de leur vie.

«Non», dit-elle avec une certaine vivacité; "pas du tout. C'était très agréable pour un jour ou deux. Mais maintenant, il semble que nous ayons obtenu tout ce que nous voulions, n'est-ce pas, Arthur ? Encore un après-midi au Roo ou au Palay Royal, juste pour récupérer quelques petits cadeaux, et je serais bien content d'y aller dès que vous voudrez.

"Tu as très peu vu, Nancy."

« Oh, petit ! J'ai vu toute la place, tous les meilleurs magasins et les meilleures rues. Je ne sais pas ce qu'il y a de plus à voir.

« Les gens ne parleront pas des magasins et des rues », dit Arthur de sa manière la plus didactique ; mais des tableaux du Louvre et de Notre-Dame ; et quelle musique vous avez entendue et quelles pièces de théâtre vous avez vues.

"Je suis sûre que maman ne me posera jamais de telles questions", dit Nancy, "et je ne pense pas que tu vas m'emmener voir tes grands amis."

"Cela me rappelle," dit Arthur en s'éclaircissant nerveusement la gorge, "une faveur que j'allais te demander. Veux-tu faire quelque chose – qui sera très désagréable – pour moi, Nancy, pour mon bien ?

Elle le regarda très attentivement, examinant son visage, consciente que cette prière apparemment simple signifiait quelque chose de plus qu'il n'y paraissait. "Qu'est-ce que c'est?" dit-elle avec une lueur de suspicion dans les yeux.

« Alors, tu ne promets rien ? tu es prudente, Nancy. J'aurais dû m'engager à faire tout et n'importe quoi pour toi.

"Qu'est-ce que c'est?" répéta-t-elle. "Il est si facile de dire ce que c'est d'un coup."

– Voilà donc… ne répondez pas trop vite… cela m'inquiète beaucoup, Nancy ; ne penses-tu pas que tu pourrais écrire quelques lignes… à ma mère.

"À votre mère!" l'audace de la proposition lui coupa le souffle.

- Oui, je vais écrire… pour dire ce que je ressens vraiment : que je suis désolé de l'avoir offensée…

"Désolé de m'avoir épousé!" s'écria-t-elle en sautant presque hors de la voiture dans sa véhémence. Elle le regarda, tremblante de rage et d'émerveillement. Comment pouvait-il lui faire face et lui demander une chose pareille ? Comment pouvait-il formuler les mots ? Pensait-il qu'elle allait céder, céder maintenant, sans rime ni raison, elle qui était certainement déterminée à ne jamais céder ?

« Vous savez que ce n'est pas le cas, dit-il ; « tu sais que je ne me suis pas repenti de t'avoir épousé, et que je ne le ferai jamais. Mais, Nancy, ce n'est pas pour notre bonheur ou – enfin, je dirai pour notre intérêt, même si ce n'est pas un vilain mot – d'être séparé de ma mère. J'ai envie de lui écrire pour lui dire que je suis peiné, chut ! de l'avoir offensée. J'aurais du être mieux informé. J'aurais dû faire en sorte qu'elle vous voie, qu'elle vous connaisse avant de me condamner…

« C'est que vous regrettez de ne pas m'avoir envoyé en approbation, comme disent les commerçants... *moi* ! Pensez-vous que je l'aurais fait ? Pensez-vous que j'aurais pu endurer un instant... »

« Ne puis-je pas vous demander une faveur, en reconnaissant qu'il s'agit d'une faveur, sans querelle ? dit Arthur. « Nous sommes mariés depuis quinze jours, et combien de fois nous sommes-nous déjà disputés ? Nancy, est-ce que ça vaut le coup ? Ne pourrait-on pas discuter d'un sujet qui nous concerne tous les deux, sereinement, sans colère ? Si cela vous semble impossible, dites-le. Suis-je déraisonnable de vous tourmenter pour une chose que vous refusez ? Mais pourquoi se quereller ? Je déteste ça, et vous ne pouvez pas aimer ça.

"Comment sais-tu que je n'aime pas ça?" elle a pleuré; puis elle s'arrêta, avec une vague perception de sa folie. «Je ne le ferai pas», dit-elle avec obstination, «ça suffit. Ma dame n'a jamais fait attention à moi, non, ni même à votre sœur, que vous prenez toujours pour modèle. Je ne me coucherai pas à leurs pieds pour être piétiné ; vous pouvez le faire vous-même, s'il vous plaît.

«J'écrirai certainement», dit-il. « Il n'y aura pas de piétinement ; mais j'écrirai. Si vous ne le faites pas, bien sûr, je n'y peux rien ; mais si vous voulez être persuadé – par amour pour moi – alors je vous serai reconnaissant, très reconnaissant, Nancy. Je n'en dirai pas plus.

«Je ne le ferai pas», dit-elle; puis il y eut un silence si long qu'il l'alarma. En général, Arthur n'avait été que trop obséquieux, soucieux de se rattraper, de dissiper tout nuage persistant ; mais cette fois il ne dit rien. Le fait était que son esprit était trop rempli d'une multitude de pensées pour lui laisser le temps de parler. Il se demandait, d'une manière un peu désolée, que faire. Il avait cessé d'être un agent indépendant, il ne pouvait pas y aller et venir ici à sa guise. Bien sûr, il était censé être l'autorité, décider de tout, régler chaque pas qu'ils faisaient ; mais comme c'était différent en réalité du son ! Un homme a le droit d'emmener sa femme où il veut – oui, quand elle ira ; mais si cet homme est un jeune homme amoureux au cœur tendre, généreux, insensé, impulsif, que devient sa sublime autorité ? c'est à peu près autant que viennent toutes les défenses que la loi peut ériger autour d'une femme pour la sauver de la cruauté et de l'oppression, lorsqu'elle se trouve être de même nature et qu'elle aime son tyran. La loi est une chose et l'amour en est une autre. Arthur ne savait pas comment s'opposer à Nancy, comment faire quoi que ce soit sans son accord et sa sympathie, et il avait déjà eu de nombreuses indications sur la direction dans laquelle son esprit était fixé. Elle voulait rentrer chez elle en Angleterre, à Underhayes : et il voulait qu'elle reste à l'écart, qu'elle s'éloigne encore plus de l'Angleterre. Tout son esprit était occupé par la discussion sur les moyens de résoudre ce problème, de la persuader de renoncer à son désir. Et il ne se rendait même pas compte du silence dans lequel il s'enfonçait, et qu'elle croyait si délibéré et fait avec l'intention si distincte de la punir. Ils roulaient dans la Victoria, qui les avait si souvent transportés, côte à côte, sans dire un mot. L'apparence de Nancy avait déjà changé. Elle avait abandonné sa robe de voyage pour une autre « soie » qu'Arthur lui avait offerte, et qui était également de couleur bleu foncé ; par-dessus, elle portait un manteau chaud garni de fourrure douce autour du cou et des poignets, un petit bonnet délicat, tout correspondant à ce goût gracieux parisien, qu'on ne retrouve pas plus dans les rues de Paris que dans les boutiques de Londres, mais il habite à part dans son propre sanctuaire coûteux. Tout cela changeait à merveille l'apparence de Nancy. Il y avait peut-être encore dans son attitude, quand elle était à pied, quelque chose qui montrait la fille du percepteur, la jolie fille des campagnes, un peu de balancement et de bruit, une démarche insouciante et une pose de défi ; mais dans la voiture aux côtés de son mari, enveloppée dans ces fourrures, allongée dans une aisance et un bien-être absolus, Nancy aurait pu être la fille d'un duc pour tout ce qu'on pouvait dire. Il y avait beaucoup de gens autour qui les remarquaient pendant qu'ils roulaient, ce beau jeune couple anglais, d'habitude si vif, aujourd'hui si taciturne. Un homme ne peut pas appartenir à la « société », ne peut pas être élevé à Eton et à Oxford, même s'il n'est pas dans la société, sans être connu, et beaucoup de gens ont reconnu Arthur Curtis et se sont demandés si sa compagne était elle. ? Au début, ils n'avaient pas cru qu'elle était sa femme. Un de ces hommes, plus curieux que les autres, arriva au bord du sentier au moment où le Victoria entrait dans la file, et fut obligé d'avancer lentement.

« Curtis ! est-ce vraiment toi, mon vieux ? On m'avait dit que vous étiez là, mais je n'en croyais pas mes yeux.

« Y avait-il quelque chose de si étrange dans ma présence ici ? » dit Arthur en se relevant. C'était un de ces hommes qui savent tout et tout le monde, qui ont le pouvoir de donner une mauvaise ou une bonne impression à des personnes plus importantes qu'eux. Cela a immédiatement mis Arthur sur son courage. "Vous devez me laisser vous présenter ma femme", dit-il, "Mon amie, Denham, Nancy. Nous ne sommes pas restés très longtemps ici.

Nancy était excitée par cette rencontre soudaine avec l'un des amis d'Arthur, un de ceux, peut-être, qui connaissaient ses « parents » et appartenaient à cette sphère inconnue envers laquelle elle se sentait à la fois curieuse et provocante. Elle ne savait pas très bien quoi faire, si lui serrer la main ou s'abstenir. Heureusement l'instinct de confort qui ne suggérait aucun changement de position la fit seulement s'incliner, et comme ce petit geste était accompagné d'une rougeur très naturelle à l'état et au sentiment nuptial, le nouveau venu se jura, par Jupiter ! que, si elle était aussi belle qu'elle en avait l'air, Curtis aurait obtenu un prix.

« Pardon d'avoir empiété sur votre bonheur domestique », dit-il ; « mais la vérité, c'est que je n'en avais pas entendu parler… Il ne se passe pas grand-chose, n'est-ce pas ? Mais Paris est un endroit aussi bon qu'un autre pour cette période maussade de l'année.

« Non, je ne pense pas qu'il se passe grand-chose, nous ne sommes allés nulle part ; et nous repartons directement, pour Rome, je crois, dit Arthur. « Paris est vide comme les autres endroits. Nous n'avons vu personne que nous connaissions.

— Je ne pense pas que vous les cherchiez, dit Denham. « Mme Curtis voudrait-elle assister au combat d'ours à l'Assemblée ? parfois c'est amusant. Je verrai après, si tu veux, le premier bon jour ?

"Est-ce que tu devrais, Nancy?" dit Arthur en se tournant vers elle. Nancy n'avait aucune idée de ce qu'était l'Assemblée ou le combat d'ours. Elle tremblait de terreur à l'idée de dire quelque chose de mal. Elle qui n'avait jamais hésité auparavant.

«Je… je ne sais pas», dit-elle; "Je m'en fiche des combats."

"Oh, ils sont tous muselés", dit Denham en riant. « Chez Meurice ? Je vais appeler et vous tenir au courant.

« Merci, mais cela n'en vaut pas la peine ; nous partirons dans quelques jours.

« Si vous allez à Rome, Neville est là », s'écria l'étranger après eux, alors que la file avançait plus rapidement ; et il ôta son chapeau à Nancy avec une politesse respectueuse qui l'enchanta ; elle était contente de la nouveauté de parler à un étranger, même pour un instant. Cela rendait l'air un peu moins calme et égocentrique.

"Qui est-il?" » a-t-elle demandé, avec une crainte momentanée.

« Denham, c'est l'un des attachés ici, ce n'est pas un mauvais garçon ; mais il parle comme une demi-douzaine de vieilles femmes.

« La façon dont M. Denham parle ne nous importe pas », dit Nancy en levant légèrement la tête. « Nous n'avons rien à craindre. Il peut parler autant qu'il le souhaite, pour ce qui m'importe.

« N'est-ce pas ? Mais il s'agit de Sir John, pas de M. Denham, dit Arthur avec insouciance.

Nancy s'assit un peu plus droite, se libérant des écharpes, et ses yeux brillèrent. « Était-ce un baronnet ? » dit-elle avec un peu de crainte, puis elle ajouta : « Et tu le seras aussi, Arthur. Je ne comprends pas dire autre chose que Monsieur à un monsieur. Mais tu seras aussi baronnet.

"Pas avant longtemps, j'espère", dit Arthur avec un soupir. Cela le ramenait au cours embrouillé de ses propres affaires. Il n'était pas par nature le genre de fils qui calcule le temps qui doit s'écouler avant d'arriver dans son royaume, et il lui était très étrange de voir les yeux de sa femme s'éclairer à l'idée de cette « ascension dans la vie », qui signifiait la mort de son père. « Pauvre vieux gouverneur, j'espère qu'il vivra jusqu'à cent ans », dit-il avec un demi-rire qui était un demi-soupir. Nancy ne s'est pas jointe à ce souhait. Elle regarda un peu avec consternation à cette pensée.

« Que voulait dire ce monsieur à propos des combats d'ours ? Est-ce un jardin zoologique ? L'assemblée, en certains endroits, c'est un bal, dit Nancy, c'était plutôt un fouillis ; que voulait-il dire ?

« Il voulait dire le Parlement français, dans lequel on fait les lois, comme le fait la Chambre des communes en Angleterre, ou du moins, nous pouvons le dire pour le plaisir de la description, » dit Arthur ; ce à quoi Nancy a répondu avec un « Oh ! » un peu surpris. de déception et de suspicion.

« Les dames vont-elles dans de tels endroits ? Je pensais que les femmes n'avaient jamais rien à voir avec la politique.

« Ma chère Nancy, dit Arthur profitant de l'occasion pour être instructif, quand vous entrerez dans le monde, vous constaterez que les gens parlent beaucoup de ces choses, qu'ils s'en soucient ou non ; ce *sont* des choses dont les gens parlent. Et il est raisonnable de penser, continua-t-il en améliorant de plus en plus la situation, que, quand on est dans un pays étranger, on aimerait voir ce qu'il y a de plus important. Cela est toujours tenu pour acquis. Vous voyez, Denham pensait que c'était l'une des choses que vous aimeriez voir.

Cela a réduit Nancy au silence plus qu'on aurait pu le croire. Elle n'avait jamais vu cet étranger auparavant et ne le reverrait probablement jamais ; mais le fait qu'il s'était attendu à ce qu'elle comprenne ce qu'il voulait dire et qu'elle s'intéresse au Parlement français l'impressionnait infiniment plus que tous les efforts anxieux d'Arthur pour son amélioration. Les dames étaient-elles comme ça, ne pouvait-elle s'empêcher de se demander ? Quel ennui ce serait d'être une dame, si c'était le genre de choses dont elles étaient censées se soucier : beaucoup de vieillards faisant des discours dont elle ne comprenait pas un mot ! mais cela, bien entendu, personne ne pouvait être censé le savoir. Elle était impressionnée et reçut le sermon d'Arthur avec plus de douceur qu'elle n'avait reçu aucun de ses discours didactiques auparavant. Elle supposait maintenant que sa sœur, cette Lucy, serait allée comprendre chaque mot, qu'elle aurait apprécié la comédie, qu'elle en aurait parlé et ri comme Arthur, qu'elle aurait vu beaucoup de choses dans ces vieux stupides. des photos. Nancy était silencieuse et consternée. Être une dame lui semblait un métier difficile. Quelle différence avec le cas d'Underhayes, la discussion sur Lizzie Brown et Raisins, l'épicier, dans le salon douillet où tout le monde était si à l'aise ! Sa mère et Sarah Jane ne lui poseraient jamais de questions sur les combats d'ours à l'Assemblée, ni sur l'appréciation qu'elle accordait à M. Got. Un désir de rentrer chez elle s'empara de la jeune fille et une terreur de ce qui lui paraissait devant elle. Certes , si elle l'avait su, les discussions sur Lizzie Brown étaient tout autant à la manière de sir John Denham qu'à celle de Mme Bates ; mais alors sa Lizzie Brown était peut-être une impératrice, ce qui fait plus ou moins une différence. Jamais les deux jeunes gens n'avaient été aussi silencieux en compagnie l'un de l'autre. Ils revinrent si pleins de pensées qu'aucun des deux ne percevait la préoccupation de l'autre et, curieusement, ils pensaient tous les deux à leur maison ; Arthur, avec un pincement au cœur, mais sans aucune envie de s'y retrouver, Nancy avec la plus forte détermination de revenir. Il y avait un demi-sourire dans les yeux d'Arthur, mais un sourire qui était étrangement associé à cette douleur derrière les globes oculaires et à ce léger pincement de la gorge, qui signifie des larmes inépuisables, alors que sa maison semblait se dresser devant lui au milieu de ses bois. Il voyait son père dans sa bibliothèque, sa mère dans cette matinée dorée et tendue de satin, qui était *à la Louis Quinze* , mais que personne ne trouvait de mauvais goût, comme on voit les gens en rêve. Ils ne l'ont pas regardé, ni accueilli, et il n'a pas souhaité être là. Comment a-t-il pu emmener Nancy là-bas ? Il en était séparé, peut-être pour toujours, et il ne pouvait guère souhaiter qu'il en soit autrement. Mais Nancy, de son côté, envisageait sa maison avec des sentiments bien plus vifs. Oh, seulement pour être là ! libre de montrer toutes ses jolies choses, ses nouvelles « soieries », ses bibelots et ses fourrures : de montrer à tout le monde combien elle allait bien : de parler comme elle voulait, de ne pas se laisser admirer par ce qu'elle ne comprenait pas, de ne pas être chargée de liens au-delà de sa compréhension, de limites de la parole, de la parole et de l'action, au-delà desquelles il n'était pas « convenable », ni « approprié », ni « juste » peut-être, qu'elle devait aller. À la maison, elle avait fait ce qu'elle voulait, couru dehors quand elle le voulait, ri aussi fort qu'elle le voulait, été aussi ignorante qu'elle le voulait. Il ne venait pas à l'esprit de Nancy qu'à la maison, elle avait eu tendance à se vanter de sa supériorité, en tant que personne ayant obtenu cinq trimestres à l'école et étant tout à fait « un cran au-dessus » de Matilda et de Sarah Jane.

Ils étaient assis après le dîner ce soir-là, bâillant un peu, lorsque la carte de Sir John Denham fut apportée à Arthur. Il regarda Nancy avec un air dubitatif, une expression qu'elle remarqua immédiatement.

« Doit-il monter ou dois-je descendre vers lui ? il a dit.

"Oh, comme tu veux", dit Nancy, avec la pensée rapide qui lui traversa l'esprit qu'Arthur n'avait pas choisi que ses bons amis la voient. Il la regarda de nouveau ; en réalité pour voir ce qu'elle souhaitait ; mais pour Nancy, il s'agissait d'un regard inquisiteur, la critiquant partout, si peut-être elle était « digne d'être vue ».

«Je vais descendre et le faire remonter», dit-il. Lorsqu'il fut parti, Nancy se regarda elle aussi dans l'un des nombreux miroirs. Elle portait toujours la robe de soie bleu foncé qui lui était confectionnée depuis son arrivée à Paris, avec des volants de dentelle au col et aux poignets. C'était très clair. Devrait-elle courir et enfiler celle couleur saumon, qui était bien plus belle, avant qu'Arthur ne revienne avec l'inconnu ? Elle hésita un instant ; mais son bon ange intervint et la tint tranquille. Sir John Denham la considérait dans l'ensemble comme une jeune femme aux allures de dame lorsqu'il entra dans la pièce. De toute évidence, il doit y avoir quelque chose d'étrange dans cette affaire, pensa Denham ; mais elle était très jolie et avait l'air *comme il faut* , à ce qu'il pouvait voir.

«Je dois présenter mille excuses», dit-il, «mais j'ai pensé qu'il valait mieux courir et raconter mon histoire moi-même, en espérant que Curtis intercéderait pour moi en tant que vieil ami. Puis-je être autorisé à ouvrir la bouche, à un moment aussi inapproprié ? Merci mille fois; Je suis venu vous dire que si vous étiez demain midi au Palais de Justice, je pourrais vous y rencontrer avec La Pic, qui est un de mes amis, et vous y accueillerais. Il y aura une *interpellation* qui probablement ça peut être amusant… et si vous continuez si tôt…

"C'est très gentil de ta part, Denham, je suis sûr que ma femme l'appréciera."

"Mme. Curtis a l'air un peu dubitatif, je pense, " dit Denham, " mais bien sûr, vous ne devez pas vous soucier de moi. C'est seulement si cela peut vous amuser.

Nancy hésitait entre deux solutions ; elle fut tentée d'un peu de bravade, d'avouer hardiment son ignorance et de honte des prétentions que son mari faisait en sa faveur ; et d'un autre côté, elle était aussi tentée de se recommander à cet étranger, qui était un véritable baronnet et plus raffiné que tous ceux avec qui elle avait jamais parlé auparavant. Pourquoi devrait-elle lui laisser voir à quel point elle en savait peu ? Et dans ce flottement, elle mit longtemps à formuler sa réponse.

« Je ne comprends pas grand-chose à la politique », a-t-elle déclaré.

« Surtout la politique française, je suppose », dit Sir John en souriant et en montrant de grandes dents blanches. « C'est ce que je devrais penser, Mme Curtis ; *Je* ne les comprends pas, même si c'est mon affaire ; mais c'est bien de voir comme ils se lancent les uns contre les autres, et ne resteront pas immobiles pour tous les présidents du monde. J'espère que Curtis vous a fait voir un peu Paris. Nous devons l'excuser, je suppose, de vous garder si entièrement pour lui.

« Nous sommes allés au théâtre ou deux, » dit Arthur avec insouciance, « c'est tout ; nous ne faisons que passer.

« Et je suis désolé qu'il ne se passe encore rien ; après Noël, si tu restais, je pourrais être utile. Certains bals du Carnaval valent la peine d'être visités. Mais pourquoi devrais-je dire cela à vous qui en savez probablement beaucoup mieux que moi... »

"Oh non," dit Nancy, "je ne suis jamais allée à Paris auparavant."

« Ah, cela compte... » dit Sir John. « Le fait est que je me demandais si je ne vous avais vu nulle part ; quelle chance pour Curtis d'avoir autant de nouveautés à vous montrer. Mais il ne se passe pas grand chose. Je suppose que tu vas à Oakley pour Noël, Curtis. Un gars chanceux, qui n'a rien d'autre à faire que de s'amuser. Mettez-moi là aux pieds de ces dames ; Je n'ai pas vu Lady Curtis ni votre sœur depuis des lustres. Un pauvre mendiant comme moi ne saurait que faire d'un tel endroit, sinon je t'envierais, Oakley. Quel endroit ! quels bois ! quel parc ! il n'y a qu'en Angleterre qu'on voit quelque chose de pareil.

«Tu as toujours été un romantique, Denham, Oakley n'a rien de particulier. Être à la maison, c'est très agréable ; mais comme modèle de maison anglaise...

«Je maintiens que c'est le cas, et Mme Curtis jugera entre nous. Ce n'est pas un château féodal ; j'admets qu'on puisse trouver de plus belles choses dans ce genre ; il n'y a ni douves ni donjon, je suppose ; mais pour une maison de gentleman, eh bien, nous n'avons rien de pareil ici. N'êtes-vous pas d'accord avec moi, Mme Curtis ? Vous n'êtes pas dans la famille depuis assez longtemps pour déprécier leurs bonnes choses comme ils le font. Je suis sûr que vous voterez pour Oakley contre tout ce que vous voyez entre ceci et Rome, de ce genre – j'attends votre soutien.

C'était une situation assez étrange. Denham ne comprenait pas ; mais il devinait et aimait jouer avec le danger inconnu dans les regards dubitatifs de Nancy et dans l'anxiété évidente de Curtis. Quant à Nancy, elle regardait son mari avec un tremblement perceptible. Elle voulait qu'il l'instruise, qu'il lui indique ce qu'elle devait dire : mais s'il avait pu lui dicter, cela même l'aurait rendue perverse. Finalement, elle dit en hésitant : « J'ai vu… si peu… je ne pouvais pas juger… je ne suis jamais sortie d'Angleterre auparavant. »

« Ah, ça compte… » dit vaguement Denham ; et il était très intrigué par cette épouse réservée, qui n'avait d'enthousiasme ni pour le nouveau monde qu'elle visitait, ni pour le vieux monde qu'elle avait quitté si récemment. Il a essayé de la convaincre sur une variété de sujets ; mais Nancy, même si de temps à autre une impulsion de révélation lui venait, et elle avait sur les lèvres de lui dire qu'elle ne savait rien d'Oakley, qu'elle ne s'en souciait pas, qu'elle ne devrait jamais être là, ni aller à Rome, ni ne Chacune de ces choses dont il parlait avait, au contraire, si peur de se trahir qu'elle se retenait, l'air raide et silencieuse, et parvenait à peine à dire un mot. Quant à Arthur, son inquiétude le rendait quelque peu excité et agité, cela lui enlevait toute aisance dans ses manières. Il voulait qu'elle se mêle à la conversation, qu'elle sorte de la réserve dans laquelle elle s'était enfermée ; et pourtant il avait peur de ce qu'elle pourrait dire si une fois réveillée. C'était une fille intelligente, avec beaucoup d'énergie et de force naturelles ; mais pourtant il était ennuyeux de voir à quel point la fille de Bates, le percepteur des impôts, était complètement désemparée en écoutant la conversation des deux hommes qui n'étaient pas intelligents, mais qui connaissaient par nature beaucoup de choses dont elle n'avait pas la moindre idée. Cette Assemblée à laquelle ils voulaient qu'elle aille, qu'était-ce ? Pourquoi devrait-elle y aller ? C'était quoi un inter-inter-quoi ? Leur monde et le sien étaient totalement différents, même si l'un d'eux était son mari. Elle fut soulagée lorsqu'ils virèrent aux ragots et commencèrent à parler de gens, même si elle ne connaissait pas les gens. Là, elle pouvait les suivre même dans son ignorance ; car n'avait-elle pas aussi une Lizzie Brown ?

CHAPITRE V.

« POURQUOI ne pouvons-nous pas rentrer à la maison ? » dit Nancy. « Je ne veux pas rester ici. Je ne veux pas aller dans votre Rome et dans d'autres endroits. A quoi bon m'emmener pour me montrer ? Je peux parler anglais, mais je ne connais aucun de ces jargons. Je suis sûr que ce n'est pas du bon français ici ; et quant à l'italien, je n'en ai jamais entendu un mot. C'est seulement pour me rendre ridicule. Denham le pense, Arthur. Il vient me regarder et me pose des questions sur la vieille dame Une telle. Je lui dis que je ne la connais pas et que je ne veux pas la connaître. Je lui dirai un jour que je n'ai jamais connu Lady Anybody de ma vie et que *je* ne suis personne. Je le ferai, si vous ne m'emmenez pas !

« Dites-le-lui, » dit Arthur, « s'il vous plaît. Ce que tu lui dis ne me dérange pas. Tu ne penses pas que je veux que tu fasses semblant ? Tu es tout ce que je souhaite, Nancy, toi-même – mieux que si tu avais connu une douzaine de dame Une telle.

"Oh, mais je suis sûre que tu me surveilles", cria-t-elle. «J'ai toujours l'impression que ton regard est sur moi, Arthur. Vous avez peur que je dise quelque chose de mal ; et j'ai peur aussi, sauf quand je veux le faire : et si je devais le faire un jour, comme je suis sûr que je le ferai si nous continuons, vous n'aimerez pas cela. Arthur, ne nous éloignons pas ; rentrons à la maison.

"Maison? Où est la maison?" il a dit. "Je ne sais pas si je devrais être accueilli."

«Mais je devrais», s'écria Nancy. « Mère et eux tous dansaient de joie. Et pensez à quel point nous devrions être meilleurs. Nous devons dépenser une fortune ici. Vous parlez d'aller plus loin, mais je ne crois pas que vous puissiez aller plus loin lorsque vous examinerez la question. Et je ne sais pas combien nous devons dépenser : tu ne me dis rien.

"Je le sais à peine moi-même", dit Arthur avec un air plutôt déconcerté. "Je ne sais pas ce que mon père, les choses devraient être différentes maintenant."

« Et tu pars en voyage sans le savoir ? Vous constaterez, » dit Nancy, redevenant tout à coup pratique, « que nous avons dépensé beaucoup d'argent ; toujours avoir des voitures et aller au spectacle...

"Pas beaucoup de pièces."

"Deux; et cette musique, Denham nous a donné des billets pour… »

« Mon chéri, ne sois pas en colère, mais pourrais-tu dire Sir John ? »

« Pourquoi devrais-je dire Sir John ? Tu l'appelles toujours Denham. Et lorsque nous sommes allés à cette Assemblée, il y avait une autre voiture. Je suppose que ce serait toujours la même chose si nous allions ailleurs ; mais à Underhayes, ce ne serait pas comme ça. Nous pourrions prendre une petite maison et la meubler, et tu as tellement bon goût, Arthur. Nous le rendrions si joli et tout le monde serait ravi de nous voir. Je devrais tout gérer et gérer correctement mes dépenses, et vous… vous… »

"Oui!" » dit Arthur, prenant ses mains dans les siennes alors qu'elle se tenait à ses côtés, « Et pour moi ? Je ne devrais rien avoir à faire.

"Bien! quand on a de quoi vivre, qu'importe ? Ce sera toujours délicieux. Nous ferons des promenades. Vous ne vous souvenez pas du commun, à quel point c'était beau ? Et de temps en temps nous irons à Londres ; et le soir, nous pourrons... vous pourrez me lire à haute voix, dit Nancy en s'arrêtant avec un peu de confusion. «Nous pouvons aller voir maman», était ce qu'elle allait dire; mais elle s'arrêta instinctivement et garda cela en arrière-plan. Elle se tenait près de sa chaise, passant ses doigts dans ses cheveux, les arrangeant et les réarrangeant avec des touches douces, dont chacune était une caresse. C'était rare qu'elle soit d'humeur aussi tendre, et il se sentit fondre sous cette humeur. Parfois, elle se baissait et posait sa joue contre la sienne. "Tu m'apprendrais toutes sortes de choses", a déclaré Nancy. « Parfois, je sais que je ne suis pas de bonne humeur, Arthur. Je vous donne beaucoup de mal. Cela me rend fou de penser que je ne suis pas comme vous, que je ne vous fais pas honneur ; et puis mon caractère prend le dessus sur moi, et je dis que je suis aussi bon qu'eux, pourquoi devrais-je m'embêter ?

Alors qu'elle faisait cette confession, les larmes tremblaient dans les yeux de Nancy et se glissaient dans sa voix. Elle n'avait jamais révélé à son mari l'état d'esprit qui la rendait si capricieuse, et, comme elle le racontait, tous ces caprices d'humeur qui tourmentaient Arthur devenaient pour lui des choses sacrées et belles aux yeux de l'amour et de la pénitence. Il prit dans ses bras cette tendre coupable, dont l'aveu faisait de tous ses défauts des vertus.

"Ne fais pas ça, ma chérie!" il pleure; "ne le faites pas! Pas comme moi? Tu es bien meilleur que moi. Ne me fais-tu pas crédit ? Nancy ! ne sais-tu pas que je suis aussi fier de toi que je t'aime — et peut-il y avoir quelque chose de plus que cela ? Vous enseigner! Que pourrais-je vous apprendre ? C'est toi qui m'apprends.

Et il pensait ce qu'il disait, et elle le pensait au plus profond de leurs jeunes cœurs insensés, et tout était vrai et tout faux, comme seules les choses humaines peuvent l'être. Nancy, même si son cœur fondait et débordait sous la tendresse de sa confession, était aussi prête à se montrer provocante que jamais à un demi-instant de préavis, et Arthur aussi sûr de douter bientôt d'elle, alarmé et anxieux, incertain quant à ce qui se passait. elle pourrait faire ou dire. Mais ni l'un ni l'autre n'en étaient conscients, alors qu'ils se serraient les coudes, se repentaient mutuellement et déclaraient que plus jamais rien ne devrait perturber leur harmonie et leur pleine compréhension mutuelle.

« Il y a tellement de choses que vous pourriez m'apprendre », a déclaré Nancy, souriant à travers ses larmes, « dans notre propre petite maison ! Tu pourrais faire de moi une dame. Oh, oui, nous pensions tous que tu avais fait ça quand nous étions mariés, mais maintenant je sais mieux. Mais tu peux faire de moi une dame, Arthur, si tu essaies.

« Vous êtes déjà une dame, ma chérie, dit-il ; mais comme cette conscience de ce qui lui manquait et cette confiance qu'il pouvait lui communiquer tout ce qu'elle voulait était douce ! C'était comme une inspiration directe du Ciel.

"J'étudierai tout ce que vous voudrez", a déclaré Nancy. « Nous pourrions nous y livrer si nous étions seulement dans notre petite maison. Tout ce qu'il vous plaira, Arthur ; Le français si vous voulez, car j'ai honte de ne pas le comprendre quand vous le parlez si bien, et je ne pense pas que ce que j'ai appris à l'école ait pu être très bon ; et sur les images et les bâtiments, et tout. Je ne sais *rien* , Arthur. Je ne comprenais pas les choses dont vous parliez, Denham et vous ; et je sais que vous étiez contrarié par les tableaux et le théâtre.

« Non, ma chérie, je n'étais pas contrarié, peut-être un peu déçu ; mais je savais que c'était parce que vous n'en aviez jamais vu auparavant.

"C'était tout. Je sais déjà un peu mieux ; et, Arthur, si tu lui donnais cet hiver et m'aidais, dans notre petite maison ! Aussi près de Londres que soit Underhayes, nous pourrions monter et voir des choses ; et tu pourrais me lire des livres. Je crois que je peux tout voir, dit Nancy en lui souriant de ses yeux mouillés ; "un petit salon avec des rideaux de dentelle et des fenêtres qui donnaient sur le jardin, et une autre petite pièce agréable avec vos pipes, où je pourrais venir m'asseoir à vos côtés pendant que vous fumiez votre cigare !"

« Mais, Nancy, tout ce beau tableau ne pourrait-il pas se réaliser aussi bien en Italie ? Vous ne savez pas ce qu'est l'Italie. Aucun de vos jours ennuyeux et humides, mais toujours un temps doux, lumineux et ensoleillé, un ciel le plus bleu et de telles nuits au clair de lune. Nous n'avons pas du tout besoin d'aller à Rome. Je connais un petit village au milieu des bois avec vue sur la mer. Nancy ! tu ne peux pas imaginer à quel point c'est beau !

«Je m'en fiche», dit-elle avec une petite moue. « Je ne veux pas aller en Italie. C'est si loin, si loin ; et je ne peux pas parler la langue ; et c'est si triste de vivre parmi les gens, de les entendre bavarder et de ne pas comprendre.

« Mais tu apprendrais très vite l'italien. C'est le langage le plus simple, tout le monde le dit », a déclaré Arthur. « Vous pourriez le récupérer dans quelques semaines. Vous vous y sentirez très vite chez vous. Les bonnes gens aiment tout ce qui est beau. Oh, ce ne sont pas tous de bonnes personnes, je suppose. Parfois, ils vous en demanderont trop ; ils vous tromperont peut-être un peu, d'une manière assez amicale...

"Je ne pourrais pas supporter ça!" s'écria Nancy. « C'est la seule chose que je ne pouvais pas supporter ; et les étrangers sont tous comme ça, Arthur ; ils font semblant d'être gentils tant qu'ils ont quelque chose à gagner ; mais ils ne s'en soucient pas vraiment. Oh! il n'y a rien comme l'Angleterre, s'écria-t-elle en joignant les mains, et une petite maison à nous ! Et cet été, quand peut-être votre peuple aura changé d'avis, Arthur, *alors* je ne devrais pas avoir peur de les rencontrer. Je devrais savoir beaucoup de choses que je ne sais pas maintenant. Et nous devrions être si heureux, tous les deux, sans que personne ne vienne nous déranger.

Arthur était ému au fond de son cœur. Il ne lui est pas venu à l'esprit de penser à sa propre description des « étrangers », qui font semblant d'être gentils tant qu'ils ont quelque chose à gagner. Bien plus, *elle* n'y pensait pas non plus. Nancy était très sincère. En en parlant, elle s'était assurée dans son esprit que c'était vraiment tout ce qu'elle désirait, que dans de telles circonstances le bonheur viendrait de lui-même, sans tracas ni interruption ; et de quelle autre manière cela pourrait-il être assuré ? Elle était si sérieuse dans son message qu'elle ressentait vraiment tout ce qu'elle exprimait. Tandis que, s'il l'emmenait, s'il insistait sur *son* projet, Nancy sentait qu'elle ne pourrait pas répondre d'elle-même. C'était pour lui aussi bien que pour le sien ; c'était pour leur bien comme pour leur bonheur. Et que pouvait répondre Arthur à tout cela ? Le fait qu'elle veuille quelque chose n'était-ce pas l'argument le plus puissant pour l'obtenir ? Ses propres inclinations étaient fortement en faveur de l'absence, et il croyait que cet enseignement dont elle parlait et qu'il avait pleinement prévu, pourrait s'accomplir bien mieux sur la Riviera ou dans la villa au milieu des châtaigniers de Castellamare que partout ailleurs. près de la maison des Bates. Mais que pouvait-il faire ou dire contre elle ? Il essaya de l'inciter à lui parler de ce qui pourrait arriver après, du moment où ils entreraient dans le monde et du moment où, peut-être, il pourrait l'emmener à Oakley pour en voir toutes les beautés. Mais c'était un sujet sur lequel Nancy était très timide. Elle ne voulait pas parler du « peuple » d'Arthur, qu'elle n'appelait plus « les gens ». Lorsqu'elle fit leur connaissance, elle voulut le faire d'une manière qui les éblouirait. Elle ne pouvait tolérer l'idée d'une quelconque condescendance de leur part envers la femme d'Arthur. Non, il fallait qu'elle ait surmonté toutes les difficultés et se sente capable de se considérer comme une dame autant que n'importe laquelle d'entre elles, avant de rencontrer ces dames qui étaient ses ennemies et ses rivales naturelles. Pour le bien d'Arthur, elle les éviterait jusqu'à ce qu'elle puisse se précipiter sur eux dans toute la gloire de ses nouvelles instructions et connaissances.

« Ne me parle pas d'Oakley », dit-elle. «C'était tout ce que je pouvais faire pour m'assurer qu'Oakley était son nom lorsque Denham en parlait. Cela me met en colère d'en entendre parler. Moi, ta femme, je ne le sais pas, je ne sais rien d'elle ni d'eux ! quand tous les pauvres serviteurs d'un ambassadeur y vont.

"Ne soyez pas trop dur avec le vieux Denham", dit Arthur en riant. « Comme il serait content de vous entendre ! Mais pas Denham, Nancy, si tu m'aimes. Ta bouche n'est pas faite pour laisser tomber des mots de cette façon insouciante.

« Oh, c'est absurde, Arthur ! Qu'est-ce que je devrais dire? Sir John est tellement formel. *Vous* ne diriez pas Denham si c'était mal, dit Nancy, se remettant un peu de la trop grande amabilité de cet épisode ; puis elle a ajouté : « Vous m'avez demandé de faire quelque chose pour vous. Je le ferai. Je ne négocierai pas avec vous, mais je le ferai ; seulement tu ne dois pas voir ma lettre, ni m'instruire. J'écrirai de ma propre tête.

« Veux-tu, Nancy ? Tu es toujours chéri, toujours plus gentil que je ne le mérite ; mais au moins tu me laisseras le voir… et tu l'enverras avec le mien ?

«Non», dit-elle; "non non Non; mais j'écrirai. Maintenant, est-ce que ça vous plaira ? Et tu me céderas, comme un cher et bon Arthur, et tu me ramèneras à la maison. Je souhaite vraiment rentrer chez moi.

"On dirait que tu en as marre de moi, Nancy."

"Est-ce que c'est vrai?" » dit-elle avec un sourire, en passant doucement son bras autour de son cou.

Elle n'était pas accro aux caresses. Il y avait en elle une sorte de délicatesse grossière et de réserve, dont un peu plus de douceur dans les manières eût fait cette exquise fleur de pudeur qui est la couronne de toutes les grâces. Ce contact doux en disait plus sur elle que le plus grand *abandon* d'amour de la part d'un autre. Le pauvre Arthur était tout maîtrisé ; il ne pouvait pas lui résister ; sa tendresse le remplissait d'un bonheur au-delà de toute expression. Si seulement elle voulait être toujours ainsi, malgré tout ce qu'il pourrait avoir à payer pour cela, quel homme au monde aurait-il été aussi béni que lui ? Que, même à ce moment exquis, il ait eu la force d'esprit de ne pas s'engager définitivement dans la réalisation de son souhait, c'était plus que ce à quoi on aurait pu s'attendre. C'était peut-être parce que « Denham » arrivait à ce moment-là pour les accompagner à une représentation matinale au « Conservatoire », pour laquelle son zèle leur avait difficilement procuré des billets. Ils n'avaient pas voulu y aller, mais « Denham » avait insisté. Nancy s'en alla mettre son bonnet alors qu'il montait. Comme elle avait été proche du succès ! Son cœur était plein de confiance et de plaisir à cette pensée, ce qui donnait à son visage l'éclat qui était tout ce qu'il désirait.

« Qu'as-tu fait à ta femme ? Elle est radieuse. Elle aura un grand *succès* , et vous et moi brillerons par son éclat, dit leur compagnon à Arthur en arrivant dans les salles de concert.

Avec quelle fierté Arthur la regardait, exalté mais subjugué comme elle l'était par ce délicieux sentiment d'avoir atteint, ou presque, son propre chemin ! Ce bonheur avait ôté à Nancy l'air de vigilance provocatrice qui donnait généralement à sa beauté un sentiment d'inquiétude et de malaise. Pour la première fois depuis leur mariage, elle se sentait à l'aise et sans peur. Il était si absorbé par elle qu'il ne voyait pas de visage connu près de lui et ne rêvait pas d'une interruption de sa félicité jusqu'à ce que, au premier intervalle de la musique, quelqu'un atteigne un éventail en face d'un autre banc et le frappe. sur l'épaule.

« Eh bien, Arthur, Arthur ! tu ne nous connais pas ? dit une voix. Cela semblait glacer le sang dans ses veines. Il se retourna avec un sentiment de désarroi absolu.

Derrière lui – comment aurait-il pu manquer la tête grise du vieil Indien, le bonnet imposant de sa tante, la correction sage de la jeune dame anglaise, tous trois d'affilée ? – était assis le général Curtis, son oncle, père du révérend. . Hubert, qui était recteur d'Oakley, avec les deux dames qui le servaient. Quoi de plus naturel que ces excellents gens soient à Paris ? Ils revenaient des bains allemands où le général allait soigner sa goutte. Et l'épouse et la fille, épuisées par le procès qui a foutu le général en l'air pendant le reste de l'année, avaient besoin d'un petit goût de Paris pour rafraîchir leurs âmes blasées. C'est Mme Curtis qui a appelé « Arthur, Arthur ! Une discussion s'était engagée entre eux trois à partir du moment où Arthur parut avec la jeune femme, dont l'avènement remplissait ces dames d'un frémissement de curiosité. « Ne vous mêlez pas de ce qui ne vous regarde pas », grogna le général. Arthur était connu pour avoir noué des relations épouvantables, pour avoir épousé quelqu'un qui n'était personne et pour être généralement dans une mauvaise passe ; et la vue de Nancy avait effrayé ce groupe au-delà de toute expression, alors qu'elle entra, l'air heureuse et belle dans son joli bonnet parisien.

« Elle a l'air d'une dame parfaite, maman ; pourquoi pas ? » dit Mary Curtis, qui était charitable et disposée à « jaillir ».

"Cela nous concerne autant que n'importe qui, à l'exception de son père et de sa mère", a déclaré Mme Curtis. La femme et la fille étaient disposées à se rebeller contre les maximes du chef de la maison. Ils avaient enduré tant de choses pour lui. Ils se trouvaient désormais sur un terrain qui leur appartenait et sur lequel il n'était plus suprême, et son opposition excitait leur désir de pénétrer le mystère d'Arthur. Personne dans la famille ne l'avait vue, ils seraient les premiers, et même cette pensée était agréable. « C'est Sir John Denham de l'autre côté ; si elle était très mauvaise, se montrerait-il avec eux *en public* », a déclaré Mme Curtis.

« Qu'est-ce qu'un type comme celui-là s'en soucie ? » » grogna le général, « le *demi-monde* est ce qu'il préfère. »

« Oh, chut, Anthony, pense à Mary, » dit sa femme, « il peut aimer le *demi-monde* , comme tu dis ; mais je ne pense pas qu'il aimerait se montrer avec eux *en public* . Et vraiment, elle a l'air très jolie. Quel joli bonnet ! Anthony, tu ne peux pas passer à côté de ton propre neveu.

« Je n'aurai rien à lui dire ; si vous le faites, vous devez en subir les conséquences, dit le général.

"Oh, maman, fais-le!" s'écria Mary de l'autre côté. Et le résultat fut que Mme Curtis a mis son éventail sur l'épaule de quelqu'un et a appelé « Arthur, Arthur ! et remplit l'esprit du jeune homme d'une consternation inexprimable.

"Tante Curtis!" » dit Arthur en se levant. Il devint cramoisi par cette urgence soudaine, par la surprise : « Qui aurait pensé à vous voir ici ?

« En effet, si vous aviez réfléchi un tant soit peu à ce sujet, vous auriez pu vous assurer que nous serions ici », dit Mme Curtis, puis elle se pencha en avant et releva la tête pour murmurer : « Elle est très jolie, Arthur, et bien sûr. bien sûr, vous la trouvez aussi gentille que jolie. Voudrait-elle qu'on me la présente ?

"Elle doit l'être maintenant que vous êtes ici", dit Arthur, sans grand empressement. Il accepta son offre beaucoup trop facilement, bien sûr, pas avec la gentillesse distinguée qu'elle espérait. Mais sa curiosité était arrivée à un point très élevé, et il y avait une touche de bonté autant que de suffisance dans l'idée de pouvoir intervenir dans les affaires familiales. En outre, Sir John Denham causait familièrement de l'autre côté de la mariée, dont l'apparence sous son bonnet parisien était irréprochable ; et Sir John Denham était un homme très utile à connaître à Paris, et devant lequel de nombreuses portes s'ouvraient. Et même si son mari râlait et se retenait, sa fille était encore plus anxieuse qu'elle.

"Oh, Arthur, comme elle est jolie !" Mary Curtis murmura à sa cousine, pendant que sa mère prenait sa décision. C'était Mary ou quelqu'un comme elle qui aurait dû être élue pour occuper le poste que Nancy avait obtenu, pour devenir la future Lady Curtis. Si ce poste avait été pourvu par concours, comme c'est le cas aujourd'hui pour les hommes, Mary l'aurait sans doute obtenu ; et en le considérant entièrement comme une position publique sans référence à Arthur (qui après tout n'était qu'un complément nécessaire, et pas tout), Mary ressentit un vif intérêt, touché par le doute sur ses qualifications, pour le candidat retenu. Elle avait hâte de l'inspecter, d'avoir la satisfaction de sentir, ce qui est un sentiment très général, qu'elle aurait pu mieux faire elle-même. Cette fille aurait-elle la moindre idée de la manière de se comporter dans un poste aussi important ? Mary a donné à sa mère de petites poussées et des pincements pour la pousser à avancer.

« J'espère que vous l'avez emmenée voir votre mère, Arthur, » dit Mme Curtis, « elle est bien sûr la première personne à laquelle on pense. Ah, ce n'est pas le cas, vilain garçon ! eh bien, si tu le veux, j'irai lui parler avant que la musique ne recommence. Non, Mary, pas toi, tu ferais mieux de rester où tu es. Papa sera vexé si nous partons tous les deux.

« Ah, papa ! c'est toujours papa », dit Mary, tandis que sa mère la dépassait, la faisant presque tomber de son siège. Mme Curtis était grande et ample, tant par sa silhouette que par ses draperies, et ressemblait à la Société lorsqu'elle se dirigeait vers l'espace vacant devant Nancy, avec une solennité qui convenait à l'occasion. Nancy leva les yeux alarmée à l'arrivée de cette grande dame, et si c'était en partie du défi et de la résistance, c'était aussi en partie de la timidité, de la peur et de l'ignorance quant à ce qu'il était juste de faire, qui l'empêchait de se lever pour recevoir cet imposant. introduction. Mme Curtis lui fit une révérence, à laquelle la jeune fille, rougissante, confuse entre l'orgueil, la honte et l'ignorance impuissante, ne lui rendit qu'avec une petite inclinaison tremblante de la tête. Oh, si seulement elle savait quelle était la chose la plus polie et la plus dédaigneuse à faire !

« Je crains que vous ne sachiez à peine qui je suis », dit la grande dame. « Arthur n'a pas encore eu beaucoup de temps pour vous parler de ses relations. Je suis la tante de votre mari, Mme Arthur ; nous l'aimons tous beaucoup. Mais vous n'avez encore vu aucun membre de la famille, je suis désolé de l'apprendre.

"Non", dit Nancy, sentant des vagues de sang chaud lui monter aux tempes. Elle affronta sa nouvelle connaissance sans la regarder, les yeux à moitié cachés par ses paupières, bêtement provocatrice. Les parents d'Arthur pourraient venir la regarder et lui parler à leur guise, mais elle ne ferait aucune avance. Et ils ne pouvaient pas gagner grand-chose, pensa-t-elle, avec le oui et le non.

« Arthur me dira où vous êtes et je viendrai vous voir demain », dit Mme Curtis. «Je pense que c'est juste pour lui, et j'espère que vous n'aurez pas peur de moi. Je ferai tout ce que je peux pour vous être utile, pour le bien d'Arthur, bien sûr, si vous le souhaitez. Sir John Denham, je pense, ajouta-t-elle en se tournant vers lui. Denham s'était retiré de quelques pas de la réunion de famille, comme l'exigeait la courtoisie. "Je vous ai rencontré, je pense, il y a des années et des années chez les Carrington, même si je vois que vous m'avez oublié."

"Comme si c'était possible !" dit Denham d'un ton qui offensa à moitié Nancy. Il avait prétendu être son ami et celui d'Arthur ; pourtant, ici, il était tout aussi amical avec l'ennemi. « Mais ils vont recommencer, j'en ai peur. Veux-tu prendre cette place, dit-il en lui offrant sa chaise vacante. Mme Curtis s'arrêta pour réfléchir que se placer aux côtés de la femme d'Arthur *en public* était plus que ce qui était exigé d'elle ; plus, en effet, que ce qui était parfaitement discret dans les circonstances. Elle fit donc un salut à sa belle-nièce douteuse et reprit le bras d'Arthur.

«Je crains que je doive retourner à mon propre groupe», dit-elle, «mais j'espère vous voir demain.» Nancy se retrouva un moment entièrement seule, tandis que cet intrus inattendu dans son bonheur se pressait de nouveau à sa place, car Denham aussi l'avait abandonnée, comme elle le vit d'un regard en arrière, pour renouer connaissance avec la belle jeune dame derrière, avec qu'Arthur s'attarda aussi, la laissant assise seule devant. Le vacarme de l'orchestre recommença, que Nancy n'était pas suffisamment instruite pour admirer, et sa tête commença à lui faire mal de douleur et de misère jalouse. La chaleur du lieu, la langueur de l'après-midi, le fracas de la musique, faisaient autour d'elle une atmosphère de confusion et d'incongruité écoeurante. Oh, être de nouveau dans le petit salon de la maison ! oh, être Nancy Bates, sans dames distinguées à interroger, ni gentlemen raffinés pour pousser la jeune fille du village devant cette assemblée extraterrestre, où tous les gens se connaissaient et comprenaient ce qui se passait, sauf elle seule. Ces femmes! elle ne s'était jamais attendue à une inquisition de ce genre. Elle aurait aimé sauter et s'enfuir n'importe où, pour se libérer de tout. Elle se dit qu'elle ne pourrait pas le supporter. Elle rentrerait chez elle quoi qu'il arrive ; avec Arthur ou sans Arthur, cela ne semblait plus avoir d'importance maintenant.

CHAPITRE VI.

N ANCY eut tout le temps de se calmer avant de recevoir la visite promise de Mme Curtis. Et Arthur, qui avait toujours été si anxieusement obéissant à tous ses désirs et si prêt à excuser tous ses défauts, avait l'air si sérieux quand elle éclata en vitupération de la « grosse et grosse femme », et déclara sa détermination à ne pas être espionnée. , que même son impétuosité possédait un chèque.

« Si vous insistez pour partir et ne pas la recevoir, ce sera pour moi un grand chagrin et une grande douleur, dit-il, et votre bon sens vous montrera, Nancy… »

"Je n'ai aucun bon sens", dit la créature excitée. « Je n'ai jamais prétendu être raisonnable ; tu savais ce que j'étais quand tu m'as épousé, Arthur ; et être espionné et examiné partout par un groupe de femmes – je ne peux pas le supporter, et je ne le supporterai pas, pour personne au monde ; pas même pour toi !

Le pauvre Arthur ne répondit pas immédiatement. Il se promenait dans la petite pièce d'un pas agité ; puis il alla se tenir à la fenêtre, regardant dehors avec un visage vide et désespéré. Peut-être que le silence était, entre toutes, la chose que Nancy pouvait le moins rencontrer. Elle le regardait, prête à s'enfuir dans un instant dans sa chambre, à arracher son chapeau et à s'envoler, elle ne savait où ; n'importe où pour échapper aux entraves si intolérables de sa nouvelle vie. Qu'il se précipiterait après elle, la supplierait de revenir, lui promettrait tout ce qu'elle désirerait, cela paraissait certain à Nancy. Elle ne comptait pas là-dessus, mais en était sûre sans réfléchir. Mais son silence la glaçait, et quand il parlait, c'était avec une voix qu'elle ne reconnaissait pas, une voix d'où toute la musique et la douceur semblaient avoir disparu.

« Je ne sais pas si cela aura une influence sur vous, dit-il, mais cela vaut la peine d'y penser : nous ne pouvons pas vivre complètement séparés de ma famille. Un jour ou l'autre, nous devrons rechercher une reprise des relations sexuelles. C'est *moi* qui dois le chercher, pas eux ; et si ma tante Curtis pouvait entre-temps donner une agréable impression de vous, si elle était elle-même disposée à être de notre côté, je ne dis pas que cela aurait de grandes conséquences, mais ce serait pourtant un début. Je ne sais pas ce que vous pensez de ma famille, Nancy ; si vous pensez que ce sont des sortes de bêtes sauvages à éviter ; mais ils ne peuvent être évités. Nous devrons vivre selon eux, et c'est pour notre bien – c'est indispensable – que nous soyons amis.

"Amis!" s'écria Nancy, essoufflée par l'effort de l'écouter et de garder le silence. « Alors autant me jeter une fois pour toutes, Arthur. Amis! avec ceux qui ne voulaient pas faire attention à moi – qui ne m'ont jamais nommé dans leur lettre.

«C'était ma faute, c'était ma faute», dit-il en se tournant vers elle. « Je n'avais pas le droit de les garder dans le noir. J'aurais dû aller voir ma mère et lui dire, sans tout garder dans des trous et des coins.

"Tu n'étais pas un bébé!" s'écria Nancy. « Eh bien, tu as vingt-quatre ans ! Les hommes ne vont pas demander congé à leur maman comme les filles.

« C'est peut-être le cas… mais les hommes ne jettent pas non plus tous leurs proches ; s'arracher à leur famille. Et je ne le ferai pas, » dit Arthur avec une soudaine affirmation de soi. «Je ferai tout au monde pour te plaire sauf ça. Je ne me disputerai pas avec tous ceux qui m'appartiennent. Dès que j'en ai l'occasion, nous devons nous réconcilier avec eux – *il faut*, Nancy, il n'y a pas d'alternative. Et pourquoi devriez-vous rejeter cette méthode simple ? Ma tante est une femme gentille. Elle nous rendra un bon service si elle le peut. Essayez de lui plaire, ma chère ; n'essaieras-tu pas de lui plaire pour mon bien ?

Nancy s'était levée lorsqu'il lui dit avec tant d'énergie qu'il ne le ferait pas : mais quelque chose l'arrêta. Il serait difficile de dire s'il s'agissait du caractère raisonnable de sa déclaration, ce qui était peu probable, ou de la force et de la vigueur nouvelles avec lesquelles il parlait, ou du pathétique de sa supplication finale. Mais elle a été arrêtée, son attention a été attirée et son sang précipité a été retenu. Après tout, peut-être qu'il y avait quelque chose dans ce qu'il disait. Cela ne valait pas la peine de les fuir, de les éviter comme si elle avait peur. Mais plutôt pour leur montrer sa propre supériorité, pour les convaincre qu'elle était aussi bonne qu'eux et qu'elle n'avait aucune raison de les craindre. Ce n'était peut-être guère le sentiment inculqué par le discours d'Arthur ; mais plutôt la tournure que cela prenait dans l'alambic de son propre esprit, où cent idées grossières fermentaient et se fondaient quotidiennement. Elle se rassit au bout d'un moment, quand il eut cessé de parler. Arthur, malgré son appel, s'était trop excité pour se soucier précisément de ce qu'elle pensait, et même cela donna un stimulant salutaire au tournant dans le cours de ses pensées. Il s'en fichait, mais il fallait qu'on lui fasse en sorte qu'il s'en soucie – il devait être fier d'elle – il devait sentir que ceux qui la méprisaient méprisaient quelque chose au-dessus d'eux-mêmes. Elle ne voulait pas dire quoi que ce soit, ni même promettre qu'elle s'efforcerait de se concilier Mme Curtis. Pas pour sa vie ; mais ce qu'elle disait ne devait pas nécessairement être un critère pour déterminer ce qu'elle ferait. Elle prit un livre qui se trouvait par hasard sur la table et feignit de le lire avec une absorption absolue d'intérêt qui justifiait son silence ; tandis que lui, n'ayant aucune certitude de l'avoir émue, mais craignant plutôt le pire, faisait les cent pas entre la fenêtre et la porte, excité au-delà de la question immédiate, ayant, pour la première fois, ouvert l'affaire ultime avec lui-même. Et quand il commença à y penser, il ne put se débarrasser de cette idée. Ce n'était pas une question d'opportunité ou de possibilité – une chose qui devrait peut-être être faite, mais qui ne le sera peut-être pas. Il lui semblait, en y réfléchissant, qu'il fallait tout de suite tout expliquer, réclamer son pardon et l'accueil de sa fiancée. « J'ai fait du mal, mais cela ne peut pas être défait ; et la mauvaise moitié n'est pas aussi grave que vous le pensez. C'était ce qu'il devait dire. Il avait eu l'intention d'écrire dès son arrivée à Paris, mais il avait reporté cette affaire comme une affaire désagréable qui pouvait s'arrêter de jour en jour. Mais maintenant, il lui apparut tout d'un coup que rien n'était si important. Quoi qu'il fasse, il doit se réconcilier avec son père et sa mère, avec sa propre chair et son propre sang. S'ils ne le veulent pas, il doit le supporter ; mais rien ne doit être laissé de côté de sa part. Cette soudaine conviction lui était venue — était-ce par la vue de ses parents — était-ce par l'antipathie déraisonnable et absurde de Nancy à leur égard ? Il ne pouvait pas le dire, mais le fait qu'il puisse considérer tout sentiment de la part de Nancy comme absurde et déraisonnable montrait à quel point il avait soudainement fait un saut.

Ce n'est que plusieurs heures plus tard que Mme Curtis et sa fille arrivèrent ; car cette fois, Mary avait insisté pour venir, défiant papa.

« Nous n'avons fait que penser à papa ces trois derniers mois », a-t-elle déclaré. "Je pense que nous pouvons maintenant avoir un peu de liberté à notre guise."

Mary était très exacte et particulière, l'essence du devoir anglais et de la jeunesse exacte. Mais il y a un point où s'arrêtent le devoir et l'abnégation ; et certes, après avoir passé trois mois dans un bain allemand, serviteur de la goutte, il ne faut pas s'attendre à ce que les quinze jours à Paris soient passés dans une dévotion absolue dans le même sanctuaire sombre, d'autant plus que le général allait mieux et qu'il était blessé. pour l'année avec tout le soufre qu'il avait absorbé. La jeune femme vint donc avec sa mère, curieuse et même impatiente de voir comment le concurrent vainqueur s'en sortirait.

"Est-ce une dame?" Mary avait dit la veille au soir, en interrogeant sa mère ; mais Mme Curtis avait refusé de s'engager.

« Elle n'a rien dit mais non, ce que j'ai entendu. Comment pourrais-je distinguer un non ? »

«J'aurais pu le savoir si elle avait seulement toussé», répondit Miss Curtis; et on peut deviner avec quels yeux perçants elle était prête à enquêter sur son nouveau cousin. Ils étaient si en retard qu'Arthur était sorti et Nancy, dans sa robe bleue, était assise seule près du feu juste au moment où l'après-midi tombait dans le crépuscule. Ils ne se voyaient même pas très clairement et

Nancy ne leur fit pas un accueil très chaleureux. Elle se leva à contre-jour, de sorte qu'ils ne purent distinguer aucun de ses traits, et leur fit un petit salut raide, qui était très maladroit et gêné, mais non disgracieux. Et puis ils se sont assis, pas à l'invitation de Nancy. La bûche s'enflammait de temps en temps avec compassion dans l'âtre et jetait une lueur sur les trois visages à moitié perceptibles. C'était une petite scène étrange dans cette comédie distinguée qu'on appelle la vraie vie.

«Je suis désolée que nous soyons si en retard», a déclaré Mme Curtis. « Nous avons vu nos amis et effectué quelques achats nécessaires ; et il est étonnant de voir à quel point les bagatelles occupent une journée d'hiver ; c'est bientôt fini à cette époque de l'année. Nous sommes restés plus longtemps que prévu en Allemagne, tant le temps a été doux. J'espère que le général pourra venir vous voir avant notre départ ; mais il faut qu'il prenne soin de lui tout de suite, après ses bains. Comme tout cela n'a suscité aucune réponse, Mme Curtis a continué. « Est-ce qu'Arthur est sorti ?

"Oui." Nancy avait eu l'intention de s'en tenir à ses monosyllabes, mais c'était difficile, et elle ajouta malgré elle : « Je l'attends très bientôt ; il a pensé qu'il était trop tard pour vous aujourd'hui.

"Je suis tellement désolé; s'il avait été ici, il nous aurait fait connaissance.

« Au contraire, » dit Mary en intervenant, « je pense que si Mme Arthur n'y voit pas d'inconvénient, il vaut mieux que mon cousin ne soit pas ici. Les femmes se comprennent mieux seules. Vous ne le pensez pas ? J'en suis sûr, pour ma part.

"Je ne sais pas", dit Nancy hors de l'obscurité partielle ; et puis il y a eu une pause.

Mme Curtis recommença, et l'aspect des affaires était si étrange, et la passivité absolue de Nancy si apparente, que toutes les feintes polies étaient impossibles, et le visiteur plongé au cœur d'un seul sujet, le seul sujet sur lequel ils pouvaient s'approcher l'un de l'autre, se sentant obligée de le faire, qu'elle le veuille ou non.

« J'espère que vous ne penserez pas que ce que je vais dire est intrusif ; mais puis-je vous demander s'il est vrai que vous n'avez rien vu de la famille de votre mari, Mme Arthur – de sa famille immédiate, Lady Curtis, ou Lucy, ou l'un d'entre eux ? Est-ce effectivement le cas ? Mais j'espère que vous ferez tout votre possible pour réconcilier votre mari avec eux. Cela ne peut pas être bon pour vous d'être séparé.

«Je ne sais rien d'eux», dit Nancy en hochant la tête.

« En effet, j'en suis vraiment désolé. Je pense qu'Arthur aurait pu mieux gérer. S'il avait bien joué ses cartes, lorsqu'ils ont vu qu'il n'y avait rien à faire, ils auraient certainement cédé et auraient prêté attention à vous.

«Je ne voulais pas qu'on les remarque», s'écria Nancy, cramoisie de colère; et puis Mary est intervenue.

"Maman, je ne pense pas que tu traites ça de la bonne manière", dit-elle. "Mme. Arthur ne connaît pas tante Curtis. Oh, quel dommage que votre peuple n'ait pas insisté pour voir mon oncle et ma tante ! cela aurait rendu tout facile. Mais je suppose que vous ne le saviez pas.

"Nous n'y prêtions pas attention", dit Nancy, de plus en plus chaude. Elle ne ferait aucune autre réponse.

« Mais vos gens s'en souciaient peut-être », a déclaré Mme Curtis, « comme le dit ma fille. J'espère que vous ne prendrez pas mal si je dis qu'il y a eu une très grande négligence quelque part ; et vous devez faire tout votre possible pour remettre les choses en ordre. Tout est réglé maintenant et le passé a changé. Ne pensez-vous pas que vous devriez essayer d'arranger les choses ? Arthur vous aime peut-être beaucoup ; J'ose dire qu'il l'est. Je suis sûr qu'il en a donné une bonne preuve ; mais il ne peut pas être heureux séparé de sa famille.

"Alors il pourra retourner dans sa famille", s'écria Nancy, les yeux brillants, en se levant brusquement. « Si vous êtes des spécimens de sa famille, venant me maltraiter ainsi, alors que vous ne me connaissez même pas… »

« Je ne pense pas, Mme Arthur, que vous preniez ce que nous disons d'une manière très amicale. Dans quel but pourrions-nous venir si ce n'est pour vous aider – ou plutôt Arthur – dans les circonstances ? Car, bien sûr, nous pensons surtout à lui, c'est tout naturel ; et c'est sûrement votre devoir de faire ce que vous pouvez, car c'est vous qui lui avez causé des ennuis. Cela ne peut vous offenser de dire cela.

«J'aimerais que tu partes», s'écria Nancy avec chaleur. « Qu'as-tu à faire en venant ici ? seulement pour me dire que je gêne Arthur ? Comment lui ai-je causé des ennuis ? Est-ce que je suis allé lui demander de m'épouser ? Est-ce que je lui ai fait l'amour ? Vous pensez que je ne suis qu'une fille ordinaire, et vous êtes des dames. Dames! Les dames se conduisent-elles ainsi ? intimider une fille quand elle est seule, quand personne n'est là, une fille qui ne leur a jamais fait de mal, qui est aussi bonne qu'elles ?

"Oh, c'en est trop", s'écria Mme Curtis. « Je suis venu vous donner des conseils pour votre bien… pour le bien d'Arthur ; et c'est ainsi que vous le recevez ! Je voulais t'aider si je le pouvais.

«Je n'ai demandé l'aide de personne», dit Nancy, provocante, face à eux, toujours dos à la lumière, invisible sauf comme une ombre. Son cœur battait à tel point que chaque veine semblait éclater. Elle n'avait qu'un désir en tête, c'était de s'enfuir sans s'arrêter voir Arthur, sans donner à personne l'occasion de l'insulter davantage, et de rentrer chez elle aussi vite que le train le plus rapide le pouvait. Quelles ont été les révérences faites à Nancy ? Comment pouvait-elle supporter cela de la part de quelqu'un à qui l'on instruisait et lui dictait, elle qui n'avait jamais été grondée même à la maison, à qui on n'avait jamais reproché, dont tout l'être s'élevait contre quiconque osait critiquer ? Il y a des gens dans toutes les classes qui sont ainsi intolérants à l'égard d'un mot avec lequel il ne faut pas interférer, et pour qui c'est une offense mortelle de penser qu'ils ne sont pas parfaits. Elle avait l'impression que le sang dans ses veines s'était transformé en feu.

«Maman», dit Mary, «Mme. Arthur a tout à fait raison. Nous n'avons pas à venir ici dans sa propre chambre et à lui dire ce qu'elle doit faire. Elle sait mieux quoi faire que nous ne pouvons lui dire. Pourquoi devriez-vous intervenir ?

"Parce que Mme Arthur est jeune et ne sait pas, Mary, et qu'il est de son devoir d'écouter quand on parle pour son bien", dit Mme Curtis, furieuse à son tour. « Mais n'ayez pas peur, je n'en dirai pas plus. Je vous souhaite seulement bonjour, Mme Arthur. Ce que vous faites ou ne faites pas ne me dérange pas. Si j'avais pu aplanir les choses, je le ferais ; mais je ne vous imposerai pas mes bons offices. J'espère que vous rendrez votre mari très heureux, sinon je suis sûr qu'il sera très malheureux. Il a toujours été en très bons termes avec sa famille, et maintenant vous avez complètement rompu.

"Voulez-vous partir?" s'écria Nancy, folle de colère.

Elle fit un pas en avant, le bras levé. Il est peu probable qu'une quelconque provocation l'aurait poussée à faire grève ; mais si les deux dames, alarmées, pensaient qu'elle allait le faire, personne ne pourrait leur en vouloir. Cette apparence de violence les a consternés. Un tel aspect menaçant chez une femme était si étranger aux mœurs de la société, si terriblement contraire à toute bienséance, que les coups réels n'auraient pas eu sur elles un plus grand effet. Ils reculèrent tous deux devant elle, alarmés par leurs mouvements effrayés. Nancy ne pouvait pas voir leurs visages, ni le sien.

"En effet, nous y allons", s'écria Mme Curtis d'un ton tremblant d'étonnement et de colère, et du genre de frayeur morale qui a été indiquée.

Mary avait mis la main sur la porte pour l'ouvrir, quand quelqu'un entra soudainement de l'extérieur, et Arthur entra dans la pièce.

"Quel est le problème?" il pleure.

Tout ce qu'il voyait, c'était sa femme, à contre-jour de la fenêtre, menaçante, le bras levé comme pour frapper.

"Oh, Arthur, mets-toi entre nous et elle!" s'écria Mme Curtis. « Mais je ne resterai pas ici un instant de plus. Votre femme nous a ordonné de sortir. Pauvre garçon, tu peux venir me voir si tu veux. Au revoir. Je suis vraiment désolé pour toi; mais je ne peux pas rester ici un moment de plus.

"Quel est le problème?" répéta-t-il d'une voix aiguë et aiguë comme une épée, tandis que les deux dames disparaissaient précipitamment, et qu'il se tenait seul en face de sa femme, la regardant avec des yeux qui brillaient dans l'obscurité. Sa main était tombée à son côté à son entrée, mais au son de sa voix, Nancy, qui était hors d'elle avec passion, la releva et la lui secoua avec une excitation muette, puis se retourna et s'enfuit dans sa propre chambre, heurtant le porte derrière elle. Il l'entendit le verrouiller dans sa rage, haletant alors qu'elle s'éloignait en courant. Pauvre Arthur ! il n'avait pas envie de la suivre. Elle aurait pu s'épargner cette précaution. Il se tenait devant l'âtre, regardant tristement dans le grand miroir, dans lequel il se voyait comme une ombre dans l' obscurité environnante. Toute vie ne s'était-elle pas transformée en une vision d'ombres, tout ce qu'il y avait de beau et de beau disparaissant autour de lui ? Il ne semblait pas pouvoir faire quoi que ce soit. S'en prendre à sa tante et tenter de réparer les incivilités de sa femme, était aussi impossible que de s'en prendre à cette femme et de lui demander le sens de sa conduite étrange. Il n'avait de cœur pour rien. Il se tenait comme au milieu des ruines de son bonheur nuptial, tout s'écroulant autour de lui. Aujourd'hui encore, il y a seulement quelques heures, elle s'était tenue à ses côtés, le séduisant de doux sourires et de caresses, elle qui à cet instant l'avait affronté comme une furie, la main serrée, menaçant de violence. Il avait supporté bien des secousses dans cette quinzaine mouvementée ; l'épanouissement avait été ôté de sa tendre envie de perfection chez son épouse. Mais c'était le point culminant de tout. Cela semblait lui enlever à la fois ses forces et son espoir.

Cependant Nancy, le sang bouillant, le visage rouge, les yeux enflammés de passion, s'était précipitée hors de l'obscurité dans la douce lumière de sa chambre, où les bougies avaient été allumées, et où elle se voyait entrer comme une furie dans le grand verre qui lui faisait face lorsqu'elle s'élança. Cette vue la fit s'arrêter malgré elle ; cela l'a dégrisée d'un seul coup. Était-ce l'aspect qu'elle avait eu envers ces étrangers ? à son mari ? Le choc soudain de sa propre apparition eut plus d'effet sur elle que n'importe quelle réprobation morale. Elle s'est calmée en un instant. On l'avait insultée, essayait-elle de se dire ; mais que penseraient-ils d'elle, c'était ce que disait en elle sa conscience. Que penseraient-ils d'elle ? — et d'Arthur ? La couleur du visage de la créature insensée disparut ; un frisson la parcourut. Oh, que devait-elle faire, que devait-elle faire ? Elle avait voulu leur imposer une attitude plus féminine, plus calme, plus froide dans sa politesse que quiconque ne pouvait l'être ; et voilà à quoi nous en étions arrivés. Elle se jeta à son chevet dans une passion de larmes et de pénitence. Si Arthur était alors venu vers elle, elle se serait jetée à ses pieds et lui aurait demandé pardon ; mais Arthur était tenu loin d'elle par le verrou qu'elle avait elle-même tiré dans sa fureur et par, bien qu'elle l'ignorât, le désespoir et la consternation de son cœur. Elle se jeta sur le tapis et trouva du soulagement dans un torrent de larmes. Que de larmes ! chaude comme sa passion, bouleversante comme les impulsions qui se succédaient dans son cœur. Il devait l'entendre sangloter, sentait-elle, dans l' *abandon* de sa misère ; et même si Nancy ne sanglotait pas pour être entendue, cela lui donnait un frisson d'espoir de penser qu'il devait l'entendre et savoir ce que c'était, pour la réconforter, même pour la gronder, cela n'avait pas d'importance, tant que comme il est venu. Mais aucun son, à part ses sanglots, ne rompit le silence. Les bougies brûlaient doucement et brillaient dans le miroir, qui la reflétait allongée là sur la blancheur fleurie du tapis, une silhouette sombre et misérable ; mais on ne frappa pas à la porte, pas une voix ne demanda l'entrée. Au bout d'un moment, sa passion passée, elle se releva, et sans sécher les larmes de son visage malheureux, ni arranger ses cheveux en désordre, ouvrit doucement la porte et regarda dans le salon où elle l'avait laissé. Tout y était changé ; les bougies étaient allumées, le feu rallumé, la pièce pleine de chaleur et de lumière ; mais pas Arthur. Elle était vacante, remise en ordre par des domestiques qui ne savaient rien de ce qui s'y passait. Et Arthur était parti. Où était-il allé ? Avait-il suivi ces femmes, qui étaient ses relations, bien qu'elles fussent ses ennemies ? Était-il au courant de leur histoire, qui la dépeignait sans doute comme un véritable diable de mauvaise humeur et d'orgueil ? Était-il passé de l'autre côté, lui qui était la cause de tout cela ? Ses yeux recommencèrent à briller et ses veines à se remplir de ce feu qui s'était presque éteint. Elle retourna dans sa chambre, trempa dans l'eau son front brûlant et lissa ses cheveux qu'elle avait arrachés de ses mains passionnées. Après avoir fait cela, elle resta un moment entre les deux pièces, seule, en silence, se demandant ce qu'elle devait faire. Arthur l'avait-il quitté ? Ne reviendrait-il pas ? Un désarroi muet s'empara de son âme, suivi d'éclairs de passion et d'un découragement de plus en plus profond encore. Il n'y avait qu'une chose qu'il lui semblait possible de faire, sauf la fuite, à laquelle elle n'était pas capable dans ce moment terrible, où elle ne savait pas s'il s'était enfui d'elle. S'il avait été dans la pièce voisine, elle aurait peut-être eu la force de fuir ; mais pas avec cette incertitude et cette crainte dans son esprit de savoir s'il l'avait abandonnée. Dans cette terrible urgence, il n'y avait qu'une chose qu'elle pouvait faire. Ne lui avait-elle pas promis d'écrire à sa mère ? Elle ferait ça maintenant.

CHAPITRE VII.

CETTE période du début de l'hiver fut toujours ennuyeuse à Oakley. D'octobre à Noël, la famille n'avait pas l'habitude de recourir à l'habituelle panoplie de campagne pour se défendre contre l'ennui. Pendant quelques semaines, après le début de la chasse aux perdrix, il y aurait eu des visiteurs : déjeuners au bord du couvert, dîners plus ou moins endormis, soirées plus ou moins gaies. Et encore une fois, à Noël, il y avait toujours une grande fête organisée ; mais entre-temps, la famille était livrée à ses propres ressources. La façon dont Sir John lui-même occupait son temps était un mystère profond et solennel que personne ne pouvait entièrement élucider. Il le dépensait principalement dans sa bibliothèque, dans la lecture des livres bleus, dans l'écriture de lettres et dans ce qu'on appelait les affaires et que l'on supposait être la gestion de sa succession ; mais tous ceux qui connaissaient Sir John savaient qu'il n'y avait pas grand-chose au-delà de la partie la plus cérémonielle du devoir d'un souverain dans son sort facile. Le domaine avait été soigneusement géré toute sa vie par le plus prudent et le plus sensé des fonctionnaires, M. Rolt, qui était le fils du dernier agent et le frère de l'avocat d'Oakenden qui avait les affaires financières de la famille dans son cabinet. mains. Et la conduite de la famille était irréprochable depuis trente-cinq ans ; il n'y avait eu aucun héritier extravagant, aucune lourde charge diminuant ses ressources. Le général Anthony, qui s'était très bien débrouillé, était le seul frère de Sir John, le seul autre membre de la famille ; et il n'y avait eu qu'une respectabilité et une discrétion ininterrompues dans la gestion des finances de la maison. Le domaine fonctionnait sur des roues ou sur du velours et se gérait pratiquement tout seul. Quant aux affaires parlementaires et aux livres bleus, Sir John était un conservateur solide et fiable, qui n'avait jamais songé à ouvrir la bouche à la Chambre. Il votait comme votaient ses chefs, qui étaient les mieux à même de juger, et l'étude des affaires publiques, à laquelle il se livrait ainsi, avait tout le mérite du désintéressement. On ne peut même pas dire que cela ait été très révélateur lorsqu'il siégeait à un comité parlementaire, car il avait tendance à se confondre sur les points qu'il connaissait le mieux, et ses connaissances ne lui tenaient pas la place au moment où on en avait besoin, comme le devraient les connaissances. faire; mais néanmoins, avec les livres bleus et le domaine, il se croyait très occupé, et que pouvait-on désirer de plus que cela ? Deux ou trois fois par jour, surtout quand il pleuvait, il venait dans la chambre de sa femme, se tenait dos au feu et parlait, parfois de manière pertinente, parfois de manière non pertinente, comme la plupart des autres personnes. Mais il était toujours sérieux, que cela soit pertinent ou non. Il avait un visage long, avec des moustaches et des cheveux gris, et une longue lèvre supérieure fermée sur le dessous, qui était faible, bien que le menton aussi soit plutôt long. Son visage, en ces jours d'hiver, où il n'y avait aucune nouvelle d'Arthur, était aussi sérieux qu'un visage pouvait l'être. Qu'il parlât ou non de son fils, Arthur était toujours plus ou moins présent dans l'esprit de Sir John, et jamais un sourire, ni l'ombre d'un sourire, ne s'approchait à moins de cent milles des rides sérieuses de cette longue lèvre supérieure.

Lady Curtis était d'un tout autre caractère. La dernière extrémité du chagrin ne pouvait même pas produire en elle la monotonie de la mélancolie qui était possible à son mari. Elle pleurerait comme il n'a jamais pleuré ; mais alors elle riait aussi par pure impatience face au poids de l'ennui et de la similitude. Sa souffrance était bien plus aiguë que son ennui constant ; mais elle était interrompue par des lueurs d'activité, par des impulsions brusques, par des changements perpétuels. Elle se précipita dans son ménage, remuant tous les coins tranquilles et faisant un tumulte dans la salle des domestiques, qui menaça pendant quelque temps la paix de la famille, et dans la paroisse, où Lucy n'avait pas toujours besoin de l'aide de sa mère. Elle écrivait à ses amis des lettres moitié cyniques, moitié tristes et plus qu'amusantes, dans lesquelles, en effet, il n'était jamais question d'Arthur ; mais où bien des phrases tranchantes, des plaisanteries acerbes ou des réflexions moqueuses trahissaient cette piqûre de souffrance personnelle que ceux qui la connaissaient le mieux pouvaient lire entre les lignes. Lady Curtis était intelligente. Elle écrivait de temps en temps des articles dans des journaux littéraires, parfois même dans des magazines ; mais c'était une indulgence dont elle n'était pas fière, et elle garda prudemment le silence à ce sujet, étant assez sage pour savoir qu'une telle couronne d'olivier sauvage repose mal sur le front matrone d'une dame de la campagne, alarmant certaines personnes et donnant à d'autres sont l'occasion de moqueries et de plaisanteries de mauvaise humeur. Pas son mari certainement, et même Lucy ne savait pas toujours quand elle assumait la fonction de critique ; et l'habile éditeur qui imprimait ses critiques ne se rendait pas compte de ce qui avait rendu son collaborateur plus industrieux que d'habitude et plus amer. C'était Arthur qui pointait vers le monde l'acier clair de ces petites flèches polies qu'elle lançait. Elle l'a fait pour se soulager ; mais personne ne le sait. Et il faut ajouter qu'il y avait une certaine satisfaction dans cette soupape de sécurité. Ensuite, il y a eu le travail en équipe et les modèles de la Art Needlework Society, dont elle s'est cependant vite lassée. Dans l'ensemble, l'activité de Lady Curtis était stimulée à son maximum. Elle eut le bonheur de découvrir une source de gaspillage dans la maison, et un abus dans la paroisse ; et elle tomba sur un nid de livres insensés à critiquer, et commença une série d'articles sur « Les petites morales de la société » ; et elle se mit vigoureusement à travailler sur un ensemble de rideaux selon un motif audacieux et efficace de sa propre invention. Et ainsi elle a séduit les jours fatigués.

Lucy était peut-être moins difficile que son père ou sa mère. Elle était jeune, et il lui semblait encore que, dans le cours de la nature, tout ce qui ne va pas devait être corrigé et chaque faille devait être réparée. L'opinion de Sir John était que rien ne s'améliorerait jamais, et celle de sa femme que la seule chose à faire était de se tenir occupé et de se persuader qu'il n'y avait aucun espoir ni aucune attente de changement en vous. Mais Lucy attendait avec autant de patience qu'elle le pouvait, pleurant parfois sur l'éloignement de son frère, mais sans aucun désespoir en elle ; les choses s'arrangeraient, et même, elles devraient s'arranger un jour ou l'autre. Supposer que vous puissiez être séparé à jamais de quiconque vous appartenait, de tous ceux que vous aimiez ! pourrait-il y avoir sur terre une folie aussi grande que celle-là ? C'était une question de temps, et le temps était long, morne et difficile à supporter ; mais pourtant, de temps en temps, *bien sûr*, qui pourrait en douter ? tout irait bien. Novembre et décembre sont des mois mornes, profitons-en, et très mornes à la campagne quand la journée se termine à quatre heures ou peu après, et qu'il y a des heures et des heures à passer à l'intérieur, dans une grande maison vide, envahie partout par ce sentiment d'absent qui est bien plus urgent et omniprésent que toute présence. Quand Arthur était à la maison, sa présence était une évidence, et personne n'y pensait beaucoup ; mais quand Arthur était absent ! et s'en vont de cette manière lugubre, absorbés dans une autre vie, disjoints de la leur. Un tel argument pourrait faire sentir aux plus stupides la supériorité d'une idée sur tout ce qui est solide et pratique. Dans sa propre chambre, où Arthur entrait rarement, son frère lui manquait, et ses déplacements dans la paroisse, où il ne l'accompagnait jamais, lui manquaient. Et Sir John le manquait au milieu de ces Livres Bleus devant lesquels le garçon avait fait des grimaces de loin, mais dont il ne s'approchait jamais ; et Lady Curtis sentait son absence lorsqu'elle écrivait pour sa Review, bien qu'Arthur fût la dernière personne au monde à connaître quoi que ce soit des Reviews. C'est à la fois la désolation et la puissance de la mort qui remplit notre atmosphère même et notre souffle quotidien de ceux qu'elle éloigne à jamais de notre vue ; et c'est ce qui donna de la force aux paroles que le père et la mère dirent à propos d'Arthur lorsqu'il les abandonna. C'était comme s'il était mort.

Les dames de la famille passaient la plupart de leur temps, comme on l'a dit, dans la salle du matin, avec ses deux hautes fenêtres donnant sur entre les piliers de la façade. Le salon, qui était grand et splendide, trop beau et trop grand pour y être douillet, en souffrait, et, sauf lorsque la maison était pleine, avait bien l'air d'un lieu inhabité. La salle du matin était assez bien, trop bien, pensaient la plupart des gens de nos jours. Lady Curtis était une des personnes qui ressentaient le plus l'influence de ces vagues successives de goût qui balayent de temps à autre l'esprit de la partie la plus cultivée de la société. S'il avait été nécessaire de réaménager cette pièce préférée, elle l'aurait fait dans le style de la reine Anne, avec des teintes neutres et des couleurs « aplaties », des cheminées carrelées et des manteaux de cheminée hauts. Et elle était parfois un peu gênée par l'effet fleuri de sa décoration *Louis Quinze*

; mais il n'y avait aucune excuse pour réaménager la jolie chambre que les enfants aimaient. C'était fleuri, cela ne faisait aucun doute. La corniche était riche de couronnes de stuc, et il y avait des Amours autour, des lyres, des nœuds de ruban et des guirlandes de fleurs rougeoyantes. Le tapis était d'Aubusson blanc, avec au centre un grand bouquet aussi fleuri et brillant que celui qui avait fait le bonheur de Nancy à Paris. La table à écrire de Lady Curtis était un *bonheur de jour* de la plus belle facture, et divers articles de marqueterie précieuse se trouvaient là, fleuris et délicats. Deux robustes Amours dorés soutenaient le marbre blanc de la cheminée, et les rideaux de satin étaient bouclés et frangés et festonnés avec l'art le plus élaboré. Lucy était assise et tricotait des bas pour les enfants du village sur un canapé en satin, avec sa laine chaude dans le tiroir d'une table marquetée aux pieds courbés, qui valait la moitié de la valeur du village. Tout dans la pièce a été conçu sur le principe de la beauté, non pas pour la commodité ou le confort, qui est censé être l'inspiration de divers autres styles de décoration domestique, mais uniquement pour la beauté. Et peut-être était-il plus approprié pour la maison d'une mariée, telle que Lady Curtis l'avait été lorsqu'elle collectionnait toutes ces jolies choses qui l'entouraient, que pour le centre de la vie domestique qu'il était devenu ; mais en réalité il était très douteux que Lady Curtis, une femme intelligente et impatiente, ait jamais atteint une quelconque extase de bonheur en tant qu'épouse du bon Sir John. Elle aimait mieux son environnement délicat maintenant que lorsqu'il était dans toute sa fraîcheur. Elle était consciente de la bonté et de la vérité inébranlables de son mari, même s'il n'était ni vif ni amusant, et avait plus de respect pour lui et, en même temps, un sentiment plus tendre pour le père de ses enfants qu'elle n'en avait peut-être eu pour lui. le bon et ennuyeux époux auquel elle avait été liée, pas entièrement, disait le rapport, de son plein gré. C'est pourquoi, peut-être, la belle pièce n'avait jamais consacré cette imitation du bonheur, du luxe et de la splendeur à laquelle appartenaient naturellement toutes ces décorations. De nos jours, certes, ce n'était pas des loisirs luxueux et des béatitudes qui y résidaient ; mais du souci et du doute, tels qu'ils auraient été compatibles avec un environnement très sombre. Lucy était assise et tricotait, son esprit errant après Arthur, essayant d'imaginer le temps d'hiver le plus radieux de Paris, et son frère s'amusant, au lieu du ciel pluvieux ici, des routes boueuses et des journées grises et misérables. Lady Curtis était assise près de la fenêtre, à cause de la lumière, occupée avec son équipage.

« Ils peuvent dire ce qu'ils veulent de l'art supérieur de ces teintes atténuées, dit-elle, mais la nature n'est pas atténuée dans ses teintes. Comment faire les feuilles d'automne dans ces tons de couleurs ? Ils sont de nature haute et lumineuse. Elle disait cela, mais elle pensait tout le temps à Arthur ; et peu à peu Sir John revint de la bibliothèque et se dirigea vers le feu.

"Tu n'as pas encore pris le thé ?" dit-il en se plaçant devant, entre les Amours. «Je pensais que tu devais prendre le thé. Quel triste après-midi ! et les chiens sont sortis. Ils doivent avoir un parcours désagréable. Ainsi il parlait avec ses lèvres ; mais dans son cœur, ses pensées allaient aussi à Arthur.

« Lucy était au village, même si le temps était très humide. Elle dit qu'il y a une très triste agitation. Jeune Jack Hodge, le fils du forgeron, parlez-en à votre papa, Lucy, dit Lady Curtis avec un soupir.

« Je ne pense pas que ce soit si grave, » dit Lucy en se levant pour préparer le thé qui venait d'être apporté. « Et je suis sûre que papa ne le pensera pas ; mais sa mère fait beaucoup de bruit. Elle a fait venir le ministre dissident d'Oakenden pour la réconforter ; et à l'entendre parler, on dirait que c'est vraiment très mauvais.

« Que s'est-il passé, » dit Sir John, « et pourquoi Bertie n'y est-il pas allé ?

« Oh, Bertie, papa ! à quoi sert Bertie ? Il y a une expression dans son nez, comme s'il sentait quelque chose de désagréable chaque fois qu'il entre dans l'une des chaumières. Les gens ne peuvent pas le supporter, et pourquoi le devraient-ils ? Je pense que le Dissident était meilleur dans l'ensemble. Jack a opté pour un soldat, c'est tout. J'essayai de dire qu'il n'y avait rien de si terrible là-dedans ; mais ils ne m'ont pas écouté.

« C'est entièrement la faute de vos dissidents, » dit Sir John, « pourquoi ce garçon ne choisirait-il pas un soldat ? Ils élimineraient complètement les pauvres, ces dissidents s'ils le pouvaient – et les soldats aussi, je suppose. Ils nous laisseraient tous sans défense, à la merci de quiconque choisirait de s'en prendre à nous. Ils n'ont jamais rien eux-mêmes. Je suppose que c'est la raison.

"Eh bien, ce n'est pas une mauvaise logique", dit Lady Curtis, "je suppose qu'ils pensent que ceux qui ont quelque chose à perdre devraient se défendre ;" et elle soupira encore, pensant : où était le fils de sa propre maison, qui en était le défenseur naturel ? Il était pire que Jack Hodge, qui, au moins, pourrait être utile à son pays même s'il brisait le cœur de sa mère.

« Tu veux dire les Volontaires ? » » dit Sir John, « mais je n'ai jamais cru aux Volontaires. C'est très bien de les laisser s'amuser à faire des soldats. Et, peut-être, dans le pays où ils seraient dirigés par les messieurs qu'ils connaissent, » continua-t-il après un moment de pause, avec à nouveau Arthur, et non les Volontaires, dans ses pensées, et faisant écho au soupir de sa femme, « ils pourraient être d'une grande valeur. certains utilisent; mais je ne leur fais aucune confiance pour la défense du pays. Merci mon cher; par un après-midi pluvieux comme celui-ci, on se réjouit d'une tasse de thé.

Sir John était généralement content de sa tasse de thé, sinon pour une raison, du moins pour une autre, parce qu'elle était humide, ou parce qu'elle était froide, ou parce qu'elle était étouffante et étouffante, ou bien sans aucune raison. Cela constituait une pause dans le long après-midi où il n'y avait rien de plus intéressant à faire. Car, tandis qu'il se tenait dos au feu et sa coupe à la main, il parlait d'un ton ennuyeux, comme c'était son habitude.

« C'est l'essence même de la démocratie, vous savez – quand vous substituez ce qu'ils appellent le citoyen-soldat, l'homme censé se battre pour sa propre défense, au soldat qui est payé pour nous défendre : l'essence même de la démocratie – c'est l'essence même de la démocratie. fait croire qu'un homme est aussi bon qu'un autre et que les Hodges veulent autant qu'on s'occupe de vous et moi.

" C'est sûrement le cas, papa, " dit Lucy, " leur vie est aussi précieuse pour eux que la nôtre le est pour nous. "

« Tu n'en sais rien, Lucy ; ils ne sont pas si importants pour le pays, et c'est à ce pays que nous devrions penser en premier », a déclaré Sir John. « Sans armée, où devrions-nous être ? Le trône n'aurait aucune autorité. Les volontaires sont synonymes de démocratie, ma chère.

"Et Jack Hodge est votre véritable patriote", a déclaré sa femme.

« Exactement. Je dirai à sa mère que c'est mon opinion la prochaine fois que je serai au village. Une femme stupide avec ses dissidents pour lui mettre des bêtises dans la tête. Qu'est-ce que le garçon pourrait faire de mieux ? Mais Bertie aurait dû être là ? Bertie aurait dû partir, dit le baronnet. « J'admets qu'il y ait de mauvaises odeurs dans les chaumières, Lucy ; mais sûrement, si je peux le supporter, il devrait le supporter ; et toi, tu ne dis jamais rien des odeurs – je ne pense pas que Bertie puisse faire son devoir comme le devrait un ecclésiastique. Les jeunes hommes d'aujourd'hui me dépassent, ajouta Sir John avec un autre soupir ; et il posa sa tasse avec un triste haussement d'épaules, et secoua sa tête grise en s'éloignant lentement.

Comme ils étaient tous heureux lorsque la longue journée de novembre était terminée, et qu'ils pouvaient faire taire le goutte-à-goutte incessant de la pluie, le balayage des feuilles mortes sur les fenêtres ! L'automne avait été doux et le feuillage avait duré plus longtemps que d'habitude. Maintenant, il tombait à chaque souffle, à chaque goutte de pluie, obstruant les sentiers et remplissant l'air de la plus triste averse de jaune. Ce jour-là, personne ne montait dans l'avenue, à moins que ce ne soit un villageois dépenaillé se dirigeant vers la porte des domestiques, ou le recteur, ou le docteur, qui ne contribuaient pas beaucoup à la satisfaction de la maison ; et contempler la vue brumeuse des arbres spectraux, l'humidité montant du sol et tombant du ciel, qui étaient toutes deux à peu près de la même couleur, car même une courte journée de novembre n'est pas gaie pour les esprits. Ce fut un soulagement lorsque la maison commença à être parsemée de lampes, lorsque les volets furent fermés et les rideaux tirés. Lady Curtis, depuis quelque temps, ne se souciait pas de fermer les volets de sa chambre préférée jusqu'à l'heure du coucher. Elle ne donna aucune raison pour cette fantaisie, mais Sir John y avait trouvé à redire et elle avait cédé. « Il n'était pas prudent, dit-il, de laisser les fenêtres inférieures ouvertes. Quelqu'un pourrait entrer et effrayer la maison, voire plus. Lady Curtis ne s'était pas démarquée. Elle regarda le domestique les refermer avec un nouveau soupir persistant. Elle n'avait rien voulu dire en les ouvrant. Non rien. Seulement si une telle chose pouvait arriver – si quelqu'un, poussé par quelque impulsion du cœur, revenait soudainement à la maison, eh bien, alors il y aurait une petite lumière visible du bout de l'avenue pour l'encourager. Rien n'était plus improbable que qu'une telle chose se produise. Mais en admettant toujours que l'impossible survenait parfois alors que personne ne s'y attendait, alors la lumière pourrait être utile. Mais comme personne ne pouvait expliquer cela, ni rien dire pour défendre une notion aussi douloureuse, bien sûr, cela fut supprimé lorsque Sir John s'y opposa. Ma Dame s'assit dans le fauteuil doré, rembourré de satin, qui se trouvait près du feu, et jeta un dernier regard sur le crépuscule morne avec les arbres qui le traversaient comme des fantômes, tandis que le valet de chambre commençait à se taire. La journée avait été maussade ; il était plus agréable de se tourner vers la claire lumière de la lampe intérieure, la lueur tamisée des tentures de satin, l'éclat du feu. La journée était enfin terminée.

Et pourtant, c'était aussi un peu triste de penser aux heures qui restaient inachevées, à la longue soirée tranquille au cours de laquelle il y aurait eu une petite conversation, très peu, et à la routine du dîner à suivre, et à la soirée calme d'après, que Lucy et elle passeraient ensemble. Peut-être qu'elle travaillerait, et Lucy lirait à haute voix ; ou bien Lucy se lancerait dans l'une de ses nombreuses entreprises, qui étaient d'un genre plus simple que les équipages de Lady Curtis, pendant que sa mère écrivait. La maison était très calme, car elle devenait une grande maison, repliée dans l'obscurité, dans le grand parc, dans la pelouse humide et les nuages d'arbres aquatiques, sans une lueur de toutes les fenêtres du devant pour accueillir quiconque, inattendu, pourrait sortir du monde occupé pour explorer le calme – la chose la plus improbable au monde ; pourtant de telles choses avaient eu lieu et, qui pouvait le dire ? pourrait être. Il restait un événement encore possible, c'était l'arrivée du courrier, qui arrivait après le dîner, un moment des plus inappropriés, disait tout le monde. En effet, Sir John avait souvent proposé de ne pas envoyer chercher les lettres, mais de les laisser, lorsqu'il y en avait, jusqu'au lendemain matin, plutôt que de gâcher la digestion de la famille à un tel moment. Mais Lady Curtis avait un goût de femme pour les lettres, et elle n'en entendrait jamais parler. Elle n'avait aucune expérience des lettres qui gâchent la digestion. Les factures de ses modistes ne lui posaient aucun problème. Il faut supposer qu'elle n'avait jamais été endettée de sa vie, et qu'il n'y avait pas non plus de mystères dans son existence qui lui faisaient peur ; ses lettres étaient d'agréables pauses dans la monotonie, enrichissant le calme de sa vie à la campagne ; elle ferait donc apporter le sac postal, quoi qu'en dise Sir John.

Et cette nuit-là, il y avait deux lettres qui semblaient s'éveiller jusque dans la maison elle-même, quelque chose comme les battements de cœur qui s'agitent dans le cœur d'un individu à la vue d'une communication longtemps attendue - deux lettres qui portaient le cachet de la poste de Paris, l'une adressée à milady. , un à Sir John. Le majordome les voyait au premier coup d'œil, reconnaissait l'écriture de l'un, devinait l'autre. Chuchota-t-il à la gouvernante avant de se rendre dans la chambre de ma dame avec sa part du budget.

"Summat de M. Arthur," lui murmura-t-il à l'oreille.

"Oh, laisse-moi regarder", dit-elle.

C'était quelque chose à voir, même l'extérieur des lettres ; et ils se regardèrent par-dessus l'autre et s'accordèrent sur ce que c'était. Daly, le majordome, était un homme discriminant. Il savait, aussi bien qu'elle, que, tandis que Sir John était toujours aussi ennuyeux, milady attendait chaque soir son poste avec un frisson d'anxiété nerveuse. Il le savait à ses yeux, à la prise de sa main sur les lettres, à l'inspection rapide comme l'éclair qu'elle leur faisait, réprimant toujours sa déception. C'est pourquoi Daly portait les lettres de milady le premier, surtout ce soir.

CHAPITRE VIII.

« LUCY, Lucy ! » » dit Lady Curtis d'une voix étouffée.

C'était le cachet de la poste, le papier fin de la lettre étrangère, le cachet de l'hôtel qui avait attiré son attention ; et il ne lui était pas venu à l'esprit en ouvrant l'enveloppe que ce n'était pas l'écriture d'Arthur. En effet, Nancy avait copié l'écriture d'Arthur et avait partiellement réussi à se l'approprier comme la sienne, du moins pour la longueur de l'adresse. Lorsqu'elle avait appelé Lucy, c'était qu'elle avait perçu l'écriture différente, la forme d'adresse inattendue à l'intérieur, et qu'elle avait sauté à la conclusion que quelque chose était arrivé à Arthur, et que c'était son domestique qui écrivait. Lucy se précipita vers elle, voyant son agitation, et venant derrière elle, lut par-dessus son épaule la lettre sur laquelle Lady Curtis jeta un regard alarmé, tremblante de tous les membres. Ils tremblaient tous deux d'excitation à mesure qu'ils avançaient. Ce n'était pas ce à quoi ils s'attendaient ; ce n'était ni une lettre d'Arthur, ni encore une annonce de sa maladie, mais quelque chose d'autre auquel ils n'avaient pas prévu ni pensé. C'était la lettre que Nancy avait écrite en toute hâte et en désespoir de cause, après la fin si violente et si soudaine de la visite de Mme Curtis. Ma dame l'a lu, le papier tremblant dans sa main, et Lucy l'a lu par-dessus son épaule, avec des exclamations douloureuses et réprimées. Voici ce que Nancy avait dit :

"Ma dame,

« Arthur dit que je dois vous écrire, bien que je ne sache pas pourquoi ; et je lui ai dit que je le ferai, si je peux dire ce que j'aime et ne pas le lui montrer. Ainsi, vous saurez, si vous êtes offensé, qu'il n'a aucune part dans cette affaire. Je dois dire, je suppose, que je suis désolé, mais pourquoi je ne peux pas le dire. Je n'ai pas pensé à toi quand j'ai consenti à épouser Arthur ? Pourquoi devrais-je? Dans notre classe de vie, nous ne pensons pas que la mère d'un jeune homme ait le droit d'intervenir. Je n'ai jamais pensé à toi, donc je maintiens que je n'ai rien à regretter à ton sujet. J'ai assez à faire pour plaire à mon père et à ma mère ; pourquoi ne gérerait-il pas le sien comme j'ai fait le mien ?

« Et puisque nous sommes mariés, que te dois-je ? Tu n'as jamais rien fait pour moi. Vous lui avez écrit, ou vous avez obligé Miss Lucy à lui écrire le jour de notre mariage, et vous ne m'avez jamais nommé. Tu savais que je serais sa femme avant qu'il ne l'obtienne, mais tu ne m'as jamais nommé. Était-ce une manière de me donner envie de vous plaire ? Et le mieux que je pouvais faire était de ne jamais penser à toi du tout. N'était-ce pas aussi bon que de le mettre contre moi, de ne jamais prononcer mon nom le jour de mon mariage ? Et pourquoi devrais-je vous écrire maintenant ? Tu es vieux et je suis jeune. C'est vous qui devriez venir et dire que vous êtes désolé. Je suis la femme de votre fils ; par conséquent, je suis aussi bon que vous, quoi que j'aie pu être auparavant ; et j'étais une fille honnête avant, et aussi bonne que n'importe qui. Pourquoi n'es-tu pas venu alors *me* rattraper ? Ce sont les vieux qui doivent montrer l'exemple aux jeunes, et non les jeunes aux vieux.

"Maintenant que j'ai dit cela, je vais juste vous avertir que si vous essayez de faire en sorte qu'Arthur ait une mauvaise opinion de moi, de le séparer de moi (ce que vous ne pouvez pas faire, peu importe vos efforts), je le garderai séparé. de toi. Si vous l'aimez, vous devrez être courtois avec moi, vous et Miss Lucy, aussi grandes dames que vous soyez. Vous ne me croyez pas meilleur que la terre sous vos pieds ; mais si vous ne me traitez pas comme je dois être traité, je garderai Arthur loin de vous, afin que vous ne le revoyiez plus jamais. J'ai le pouvoir de le faire, pas comme vous, qui n'en avez aucun. Il peut se passer de sa mère, mais il ne peut pas se passer de moi. Je pense qu'il est honnête de vous dire cela, parce qu'il a insisté pour que je vous écrive – je n'aurais pas dû vous écrire de moi-même – et parce que j'ai l'intention de revenir en Angleterre et de m'installer à Underhayes, pour être près de mon des gens qui ont toujours été (pas comme vous) gentils avec lui comme avec moi. Alors maintenant, ma dame, vous savez exactement ce que je veux dire, vous et Miss Lucy, et ce que je vais faire.

" ANNA FRANCES CURTIS. »

Lady Curtis était rouge et agitée ; ses yeux brillaient de chaleur sur ses joues cramoisies.

« Quelqu'un a-t-il déjà été aussi insolent ? » dit-elle en se mordant la lèvre pour ne pas pleurer, complètement bouleversée par l'insulte inattendue.

"Oh, maman, la fille ne le pense pas!" s'écria Lucy, affligée, en essayant de prendre la lettre. C'était déjà assez pénible de le lire une seule fois, mais le lire comme elle savait que sa mère le ferait, encore et encore, en ressentant l'énormité toujours plus grande, serait terrible. Lucy tendit la main pour l'enlever.

«Je ne te le donnerai pas, Lucy. Je sais ce que tu veux faire ; je dois le mettre au feu pour l'oublier et penser que ce n'est pas si grave.

« Non, maman ; mais pourquoi s'y attarder ? Elle l'a écrit à la hâte. Voyez, il y a de la hâte dans chaque ligne ; mais nous le lirons à loisir et le reviendrons encore et encore. Elle est si peu instruite, si inexpérimentée ; et il y a là une sorte de justice sauvage, si tu veux bien y réfléchir, maman.

"Comment oses-tu dire ça?" s'écria Lady Curtis, dans l'esprit de laquelle la douleur et la blessure immédiates reçues étaient trop violentes pour être ainsi apaisées, et qui était aussi peu capable pour le moment de s'enquérir de la justice absolue de l'affaire que Nancy elle-même. Les larmes commencèrent à briller dans ses yeux, des larmes de véritable souffrance. «C'est ce que nos enfants nous apportent», dit-elle; « ceux pour qui nous sommes prêts à faire n'importe quel sacrifice – l'insulte, l'exhibation devant notre visage d'une pauvre créature, sûrement, sûrement pas autant que sa mère le valait pour lui, Lucy ; ça ne vaut pas ta peine, *toi*, mon enfant ; de cela, je peux au moins être sûr ; et sa maison, et tout ce qui valait la peine d'avoir dans la vie… »

Et quelques gouttes brûlantes tombèrent sur ses mains dans une averse chaude et soudaine. Les larmes ne durent pas à l'âge de Lady Curtis ; ils coûtent trop cher ; seul un coup aigu comme celui-ci pourrait les faire sortir, hâtivement et à contrecœur, de ses yeux.

« Je sais que c'est dur, très dur ; mais, maman...

Lucy fut interrompue par le bruit du pas lourd de son père qui s'approchait de la pièce. Il ouvrit la porte et entra précipitamment. Lui aussi avait une lettre à la main et la tendit à sa femme en s'avançant.

« Il a enfin écrit », dit-il. « C'est une bonne chose d'avoir attendu si longtemps. Écoute, Elizabeth, si tu peux lire ce que dit ton garçon.

Lady Curtis prit la lettre et regarda anxieusement le visage de son mari pour en lire l'effet. Et puis Lucy et elle l'ont lu comme elles avaient lu l'autre, la fille par-dessus l'épaule de sa mère. La simple vue de l'écriture d'Arthur les émut. Il avait écrit quelques mots à Lucy pour la remercier de l'argent et de la bénédiction qui lui avait été transmise le jour de son mariage ; mais à part ces quelques paroles chaleureuses, ils n'avaient pas entendu parler de lui depuis cette lettre violente et douloureuse que Lady Curtis avait reçue après la visite de M. Rolt, l'avocat de la famille, à Underhayes. Et cela avait fait tellement souffrir les dames que la simple vue de l'écriture chère et familière la faisait revenir. Sir John s'approcha du feu comme il le voulait, et s'appuya contre la cheminée, tournant vers eux la matité de son long visage mélancolique, qui montrait peu de changement d'expression d'une manière ou d'une autre. Son lourd repos, non exempt de troubles, contrastait vivement avec les regards avides et anxieux de sa femme et de sa fille déjà troublée et excitée. Ils lisaient, haletants d'anxiété et de hâte, survolant le journal, en comprenant le sens presque d'un coup d'œil d'une manière qui lui était merveilleuse. Il secoua légèrement la tête en voyant ce processus rapide ; il était impossible qu'ils puissent le comprendre, se dit-il ; même la lettre d'Arthur ! survolé d'un manque de minutie féminin dans quoi que ce soit, comme s'il s'agissait d'un livre.

La lettre d'Arthur, en ce qui concerne les formes extérieures, était assez respectueuse.

« Mon cher père,

« Vous pensez peut-être que je devrais dire quelque chose sur la longue interruption de mes lettres, et je sais que ce ne serait pas sans raison ; mais que dois-je dire ? Mon mariage était vraiment ce qui me préoccupait le plus. J'aurais été prêt à vous présenter toutes mes excuses pour les indiscrétions qui l'accompagnaient, et pour l'erreur fondamentale de ne pas vous avoir expliqué dès le début mes souhaits et mes intentions. Mais c'est trop tard maintenant, et vous devez me permettre de dire que la mesure étrange que vous avez prise vous-même en envoyant Rolt à Underhayes pour s'immiscer dans mes affaires, justifie le silence dans lequel je me suis réfugié depuis, comme étant plus respectueux envers vous que tout ce que je peux dire. J'ai confiance et désire croire que les propositions extraordinaires qu'il a faites ne viennent pas de vous ; rien en effet, sauf l'esprit d'un avocat mesquin, n'aurait pu suggérer de tels moyens pour tenter de déjouer et de contrecarrer un attachement honorable. Je ne pourrai jamais rencontrer avec courtoisie l'auteur de ces propositions, et c'est le désir de ne rien dire à ce sujet qui m'a tenu silencieux même envers vous.

« J'écris maintenant sur un sujet grave sur lequel il est nécessaire d'attirer votre attention. L'allocation qui était suffisante pour moi à Oxford, ou lorsque j'étais dans une autre condition de vie, est naturellement tout à fait insuffisante pour les dépenses d'un homme marié. Ma femme et moi sommes sur le point de retourner en Angleterre et, à sa demande, nous nous rendrons d'abord à Underhayes, où réside sa famille. Nos plans ne sont pas encore décidés ; mais la première condition requise pour tout arrangement est de savoir exactement dans quelle mesure vous pourriez être disposé à augmenter mes revenus, afin que je puisse pourvoir aux dépenses accrues auxquelles je suis actuellement soumis. Nous sommes à Paris depuis quelques semaines, et sans le secours que m'a apporté la générosité de ma mère, je ne vois pas comment j'aurais pu offrir à ma femme tout ce qui était indispensable à ma femme et à la fille de Sir John Curtis. la loi aurait dû. Ce sont bien sûr des dépenses superflues ; mais je dois vous demander de bien vouloir prendre une décision concernant mes revenus actuels dans le plus bref délai possible. Ceci est doublement important, car c'est seulement ainsi que nous pourrons décider à quelle échelle de vie il nous convient de commencer.

« Ma femme souhaite ses respects à ma mère, Lucy, et à vous-même.

« Affectueusement,
« ARTHUR CURTIS ».

"Et c'est tout !" » dit Lady Curtis en le jetant sur la table avec un mélange de mépris et de chagrin ; « En si peu de temps, comme elle l'a bien instruit. Oh, ne dis rien, Lucy ! Je peux voir la main de cette fille dans chaque mot ; et c'est tout !

« C'est sûrement tout, » dit Sir John, « vous ne pensez pas que je cacherais quoi que ce soit, pourquoi le devrais-je ? C'est tout, et c'est assez aussi, je pense. Un type comme celui-là, que nous avons tous caressé et gâté, sans penser qu'à son argent ! C'est décevant, c'est certainement le cas. Quand on pense que c'est Arthur ! dit son père, sa lèvre inférieure frémissant d'une émotion inhabituelle, mais qui était pourtant destinée à un sourire.

"Oh, ne le faites pas pire qu'il ne l'est", dit Lady Curtis, "je peux voir la main de cette fille à travers tout."

Il ne saurait y avoir d'affirmation plus gratuite. Arthur avait écrit lorsqu'il était loin de Nancy, dans la salle d'écriture du Club anglais. Elle ne savait rien de ce qu'il faisait, et encore moins qu'il était décidé à ne plus lutter avec son sort, mais à la laisser retourner sur son sol propice, ce qui ne lui assurerait au moins plus rien. rencontres avec des gens de sa propre classe, même lorsqu'ils se sont rencontrés de manière accidentelle et récente. Il ne pouvait plus, pensait-il, risquer une chose pareille. Il n'en avait pas la force. Il valait mieux céder à elle que de s'épuiser avec de si misérables misères ; mais jusqu'à présent, Nancy elle-même ignorait sa décision. Lady Curtis ne le savait cependant pas, et le désespoir dans l'esprit d'Arthur ne lui était jamais venu à l'esprit, ni l'état de séparation entre lui et sa femme qui existait réellement lorsque ces deux lettres furent écrites. Il lui semblait qu'ils étaient animés d'un seul esprit et que Nancy avait obtenu l'intégralité du commandement et mis sa propre âme déréglée dans son mari. Aussi cher qu'il fût pour sa mère, la silhouette audacieuse de cette jeune fille qu'elle n'avait jamais vue semblait se lever et effacer son fils sous les yeux de Lady Curtis - l'effacer intellectuellement et moralement - de sorte que tout ce qu'elle voyait n'était qu'une ombre de Nancy. pas la réalité d'Arthur. Sir John n'a pas adopté cette vision figurative. Il prenait ce qu'il voyait pour acquis, n'exerçant aucun esprit de divination. Il n'a pas été blessé par une douleur aiguë comme sa femme, mais par un profond sentiment de mal. C'était tout ce qu'Arthur voulait, non pas être le bras droit de son père, mais l'aider (car, en privé, Sir John était d'avis qu'il avait beaucoup à faire) à devenir le véritable chef du domaine, considérant tout comme son domaine. mon père l'avait souhaité; mais seulement pour voir son allocation augmentée ! c'était tout. Cela ne causa pas moins de chagrin à Sir John que sa femme, mais c'était le faible niveau d'interprétation par lequel il s'expliquait le garçon qui avait été sa fierté.

Quant à Lucy, elle lut les deux lettres avec une double détresse, comme semblant y voir quelque chose qui échappait à ses parents. Elle pensait que c'était parce qu'elle était jeune et en sympathie avec ces deux jeunes gens stupides, errants et méchants, qu'elle était capable de lire entre les lignes et de voir qu'ils n'étaient pas si méchants qu'ils le paraissaient. Il y avait, comme elle l'avait dit, une sorte de justice sauvage dans la lettre de Nancy du point de vue de Nancy, et si insolente qu'elle fût, Lucy sentait qu'elle pouvait la comprendre et l'excuser même si elle était inexcusable. Et quant au froid intérêt d'Arthur et à son apparente indifférence à l'égard de tout, n'était-ce pas seulement un signe de douleur mortelle, une preuve qu'il se sentait dans une position dont il ne pouvait pas sortir, dans laquelle il n'osait pas discuter ni entrer ? "Oh," s'écria-t-elle dans le tumulte des sentiments qui montaient en elle, "ne prends pas tout cela pour acquis comme ça. Arthur n'est pas ce que tu penses, papa. Il le ressent, oh, je sais qu'il le ressent au fond de son cœur ; mais comment peut-il en discuter, comment peut-il ouvrir un tel sujet avec nous ? C'est sa femme et elle sait ce que nous pensons d'elle.

« Oh, Lucy, taisez-vous », s'écria Lady Curtis, dont le cœur se serrait à se briser, « à quoi sert cette casuistique, comme si vous le connaissiez mieux que nous. Non, je ne peux pas fermer les yeux sur la vérité, quoi que vous fassiez ; ce garçon pour lequel nous avons tant fait, que nous avons élevé avec tant de soin, trouve quelque chose de plus agréable dans le bas monde que dans le nôtre. Il est indigne de notre part de gémir sur une telle préférence. Vous voyez, il l'avoue. Il retourne dans ce misérable endroit, dans la société des parents de sa femme. Nous devrions être fiers, " dit Lady Curtis avec ses yeux brillants, avec un semblant de sourire misérable sur ses lèvres, " c'est ce qu'il aime le plus, *mon* garçon !

"Oh, maman, ne sois pas si dure avec lui."

« Si dur, suis-je dur ? sur Arthur ! Dieu aide moi! J'aimerais pouvoir être un peu plus dur ; J'aimerais pouvoir penser aussi peu à lui qu'il pense à moi ou à ce que je ressens », s'écria Lady Curtis avec un gémissement dans sa voix brisée. Sir John n'a pas montré autant d'émotion. Il se tenait devant lui, les yeux éteints, sans même les regarder, les yeux fixés sur le vide ; mais de nombreuses pensées tournaient aussi sourdement dans son esprit opprimé.

« Maintenant qu'il m'a écrit ainsi, on s'occupera de lui, » dit Sir John, « puisqu'il ne veut que de l'argent, il aura son argent, et je m'en laverai les mains. Les gens ne dépensent pas beaucoup dans ce rang de la vie, n'est-ce pas ? Si c'est ainsi qu'il veut vivre, il faut qu'il soit pourvu en conséquence. J'en parlerai à Rolt demain. Vous voyez comme il parle du pauvre Rolt, un homme très méritoire, qui ne pense qu'à notre intérêt. Et si Arthur ne s'en était pas emparé avant qu'il n'ait dû le savoir, Rolt aurait racheté la fille et nous aurait libérés. Ah oui, Rolt est le meilleur homme d'affaires et l'ami de la famille le plus attentionné que je connaisse.

« Mais c'était une chose épouvantable à faire ; pour la racheter ! Si tu y penses, papa, et penses à qui elle était, la fille qu'Arthur *aimait* ... Peu importe, s'écria Lucy avec une chaleur généreuse, que nous ne l'aimions pas ou ne l'approuvions pas. Arthur l'aimait ; et cette fille qu'il aimait tant, à laquelle il pensait plus qu'à personne au monde, à racheter !

« Oui, c'est ça, » dit Sir John, « tout se serait passé sans problème s'il n'avait pas fait irruption avec ses idées envolées, tout comme vous ; la chose aurait été faite sans cela ; et il aurait été à l'écart d'elle. Mais maintenant qu'on en est là, il aura ce qu'il veut, et il aura ce à quoi il a droit. Je verrai Rolt demain, dit Sir John sans jamais changer la fixité morne de ses yeux.

Et on peut supposer que le reste de la soirée ne fut pas très gai. Lady Curtis enferma les deux lettres dans un tiroir de sa table à écrire. — C'est dommage qu'ils soient séparés, ces deux-là, dit-elle avec ce sourire frémissant de mépris qui est si amer, plus douloureux que les pleurs. Oui, c'était là que se dirigeaient tous leurs espoirs. Arthur, son fils, avait choisi sa propre voie, et c'était cela, rien dans laquelle son père ou sa mère n'avait aucune part. Ce qu'il préférait, c'était la fille grossière qui l'avait épousé pour tous les avantages qu'il lui apportait, et qui l'avait entiché et rendu tel qu'elle. Le sentiment d'échec était dans l'esprit de Lady Curtis , le sentiment que son garçon lui avait préféré quelque chose d'inférieur, et à tout ce qui en valait la peine. Y a-t-il quelque chose de plus terrible que lorsque le père ou la mère sont poussés à mépriser l'enfant qu'ils portent ? Cela arrive assez souvent, et une telle douleur n'existe pas sur terre. Les mains tremblantes et ce misérable sourire frémissant sur les lèvres, elle les enferma. Maintenant, il était sûrement temps qu'ils se réveillent, se débarrassent de la sourde misère provoquée par la perte d'Arthur qui avait paralysé la maison, et ne ruminent plus l'abandon d'un être si indigne de leur amour.

« Nous en avons assez, dit-elle, viens, Lucy ! Je ne veux pas dire que votre vie devrait être passée dans un sac parce qu'Arthur n'en est pas digne. Parce qu'il fréquente le percepteur des impôts, n'y aura-t-il pas de gâteaux ni de bière à Oakley ? Nous enverrons nos invitations demain, dit-elle avec un petit rire moqueur de douleur. Sir John ouvrit un peu les yeux devant la légèreté de cette phrase inintelligible sur les gâteaux et la bière. Mais il avait depuis longtemps cessé de critiquer ma dame, quoi qu'elle fasse ou dise. Elle avait parfois des manières étranges de s'exprimer, mais on pouvait toujours lui faire confiance sur l'essentiel.

«Je parlerai à Rolt demain», dit-il pour sa part, ce qui était plus raisonnable, en regagnant sa chambre et en reprenant son livre bleu. Et il lisait jusqu'à son heure habituelle, et allumait sa bougie exactement au même moment que toutes les autres nuits, même si son cœur était lourd dans sa poitrine comme un morceau de plomb, ne réchauffant pas son sang comme il devrait le faire. Les dames n'étaient pas si raisonnables, je n'ai pas besoin de le dire. Ils restèrent assis autour du feu jusqu'à ce qu'il s'éteigne entre eux, aucun d'eux ne remarquant la noirceur, ni n'étant conscient que le froid qu'ils ressentaient avait quelque chose à voir avec les circonstances extérieures - en parlant encore et encore, se disputant, se battant même : Lucy prenant le dessus. du côté de la défense, tandis que sa mère lançait des flèches de paroles amères sur Arthur et la jeune fille qui avait acquis un tel empire sur lui. Les hommes ne font pas ainsi de leurs misères le sujet de discussions sans fin, peut-être parce que deux hommes ne ressemblent guère aux deux moitiés d'une même âme comme le sont la mère et la fille ; et aucun frère ni aucun père ne pouvaient se lancer entièrement dans une question telle que la sœur pourrait le faire avec sa mère. Lucy s'est battue pour lui, l'a condamné, l'a justifié, tout cela d'un seul souffle ; elle pleurait, se débattait et soutenait l'étendard d'Arthur, même pendant qu'elle se jetait avec une sympathie passionnée dans la déception fière et douloureuse de la mère dont les espoirs avaient été ainsi trompés. Ils étaient toujours là, au-dessus du feu éteint, en pleine marée, quand le petit coup solennel de l'un d'entre eux les fit sursauter et les conduisit à leurs chambres, glacés et misérables. Comme il faisait noir dehors, la pluie tombait, les dernières feuilles tombaient, en pleine nuit de décembre ! Cela ajoutait un frisson de sympathie physique aux yeux épuisés par les pleurs et aux voix épuisées par les discussions sur ce sujet en constante expansion. Chaque pensée et chaque plan de la maison faisaient référence à Arthur depuis combien d'années ; et c'est ainsi qu'il les laissa tomber, s'en détourna, se jeta sur les éléments les plus bas et les plus bas de la vie.

CHAPITRE IX.

SELON la résolution hâtive de Lady Curtis, les invitations, du moins pour certains, à la fête de Noël ordinaire étaient pour une date plus tôt que d'habitude. Le point culminant de la détresse provoquée par Arthur était arrivé, et même si la lutte était difficile pour reprendre les occupations ordinaires de la vie et continuer comme si de rien n'était, à une époque où l'absence d'Arthur était si doublement ressentie et apparente, le L'âme impatiente de sa mère supportait mieux cette variété de douleurs que la lourdeur monotone de l'autre, la présence sourde d'une pensée qui avait été sur la maison comme des liens de fer. L'un des premiers visiteurs à arriver fut Durant, qui avait toujours été le premier à l'époque d'Arthur, à côté du fils de la maison, en termes de familiarité et de connaissance de tout et de tout le monde. Même pendant le lamentable intervalle maintenant écoulé, les lettres de Durant avaient apporté un certain réconfort à Lady Curtis, en lui fournissant toujours de quoi parler, de quoi discuter avec Lucy, à qui elle signalait librement la faiblesse de ses arguments qui étaient toujours en faveur d'Arthur, et pour lesquels la mère d'Arthur l'aimait, même si elle prenait plaisir à démontrer leur futilité. Lucy avait une longue tournée à faire parmi ses pauvres gens l'après-midi où Durant était attendu. Elle n'aurait pas pu dire pourquoi elle avait choisi ce jour spécial ; peut-être parce que c'était bien, une raison simple, tout à fait satisfaisante pour l'intelligence ordinaire ; peut-être parce que l'association d'idées avec lui, qu'elle n'avait pas revu depuis qu'il l'avait emmenée au mariage d'Arthur, était si douloureuse qu'elle était prête à reporter la rencontre le plus longtemps possible ; ou peut-être désirait-elle, dans l'intérêt d'Arthur, que Lady Curtis ait sa première conversation avec son fidèle ami sans être dérangée par une tierce personne ; ou, peut-être encore, Lucy avait ses propres raisons, dans lesquelles aucun de nous n'a le droit de s'interroger. Elle resta longtemps aux hospices, étant partie tôt pour profiter de la partie la plus lumineuse de la courte journée d'hiver, et prit son déjeuner avec Mme Rolt, la femme du bon agent, à qui les enfants d'Oakley avaient été confiés. comme la sienne depuis leur naissance. Mme Rolt n'avait pas d'enfants et elle avait autant envie de parler d'Arthur que sa mère elle-même. Elle aborda le sujet dès que Lucy parut, et il n'y avait que sympathie et tendresse dans le sein de ce simple serviteur de la famille, qui était en même temps un cousin éloigné, et donc en termes plus familiers que sont généralement autorisés à l'épouse d'un agent. Cette visite retint Lucy également, de sorte qu'il était quatre heures et le coucher de soleil rouge d'hiver à peine terminé lorsqu'elle commença à remonter la longue avenue. Durant avait été attendu par un train plus tôt à la gare qui se trouvait à un kilomètre ou deux, de sorte que Lucy se sentait en sécurité. Elle partit en promenade toute pleine d'un nouvel incident dont elle n'avait pas entendu parler auparavant, la rencontre entre sa tante et son frère à Paris dont Mme

Rolt avait été informée par le recteur. "Pourquoi ne nous l'a-t-il pas dit, ou pourquoi tante Anthony n'a-t-elle pas écrit ?" Lucy avait dit.

« Oh, mon animal de compagnie, que pourrait-elle écrire ? Je ne pense pas que ce soit agréable, dit Mme Rolt, même si vous êtes en colère contre les vôtres, vous n'aimez pas les entendre blâmer par les autres ; et Mme Anthony a assez de bon sens pour le savoir.

« Alors pourquoi en a-t-elle parlé ? dit Lucie.

"Oh, mon amour, cela aurait été plus que ce à quoi la chair et le sang sont égaux. Avoir vécu une aventure pareille, et ne pas en avoir parlé du tout ! Elle a dit que Mme Arthur s'était comportée *de manière horrible* avec elle, l'avait maltraitée et l'avait chassée de sa chambre. Mais il faut prendre tout cela avec beaucoup de pincettes, car vous connaissez votre tante Anthony, ma chère.

«Oui, je connais tante Anthony; mais comme il est épouvantable que la femme d'Arthur — par exemple, *la femme d'Arthur* ! — donne à quiconque l'occasion de dire qu'elle s'est mal comportée. Tu ne le diras pas à maman ?

« Non, en effet, je vous le promets ; et j'ose dire que si nous pouvions tout savoir, la moitié n'est pas vraie. Ne t'inquiète pas pour ça, ma chérie, dit Mme Rolt en embrassant Lucy alors qu'elle s'éloignait.

La jeune fille secoua la tête. Pourquoi devraient-ils lui dire de telles choses s'ils voulaient qu'elle ne s'inquiète pas ? et pourtant elle était fébrilement heureuse qu'on lui en ait parlé, comme on le fait pour toutes ces misères familiales. Elle entra par les grandes portes, la joue encore rougeâtre par l'agitation de la nouvelle. Entendre qu'un ami, un membre de la famille, avait effectivement rencontré Nancy et lui avait parlé, semblait la rapprocher, la rendre plus réelle. Et peut-être y avait-il un avantage personnel à ce frisson d'agitation renouvelée à propos d'Arthur, qui remplaçait pour le moment certaines de ses propres pensées. Car voilà ! il se trouvait que toutes les précautions de Lucy avaient été vaines. Elle n'avait pas parcouru une demi-douzaine de mètres lorsqu'elle entendit derrière elle le crépitement de la charrette à chiens qui tournait au coin de la porte et qui avait été envoyée pour chercher Durant à la gare ; et avant qu'elle ait eu le temps de rassembler ses pensées, il s'arrêta brusquement juste derrière elle, et Durant lui-même en sortit et, en un instant, se retrouva à ses côtés. La charrette continuait avec son portemanteau, et elle se sentait exactement dans les circonstances qu'elle avait si minutieusement évitées, obligée, sans aucune chance de s'échapper, à une longue promenade solitaire à travers l'avenue calme et à une longue conversation confidentielle avant qu'il n'ait vu quelqu'un d'autre. , avec l'ami de son frère.

« Oui, le train était en retard ; il y a eu un léger accident sur la ligne, qui m'a irrité et m'a inquiété. Mais il se trouve que cette détention a été chanceuse », a déclaré Durant.

Lucy n'y prêta aucune attention, pas même par un sourire.

"Vous avez dit que vous étiez très occupé."

« Oui, j'ai beaucoup de travail à faire ; ce n'est pas encore un travail très distingué, mais j'espère que mieux viendra.

"Votre principal avocat tombera malade un jour, et ce sera une affaire très intéressante et romantique, et vous serez inspiré pour prononcer le discours le plus éloquent, et votre fortune sera faite."

"Je vois que tu sais comment de telles choses arrivent", dit-il en riant.

"Oh, oui, j'ai lu beaucoup de romans", dit Lucy. « C'est toujours ainsi que se comportent les jeunes avocats ; et entre cela et le sac de laine, il n'y a qu'un pas.

« Un très long pas, je le crains ; mais je n'insiste pas sur le sac de laine, dit Durant ; puis il y eut une pause, et il dit plus bas : « J'ai vu Arthur il y a quelques jours.

"L'avez-vous vu? Oh, M. Durant, ne vous souciez pas de ce que dit maman. Elle a commencé à se moquer de lui, et c'est là le pire de tout. Comment avait-il l'air ? Pauvre Arthur, pauvre garçon ! Et sa femme, l'avez-vous vue ? Oh, j'ai entendu une telle histoire à son sujet ! »

"Quelle histoire?" » demanda-t-il anxieusement.

Il en avait entendu beaucoup ; mais, dans l'ensemble, il n'était pas un ennemi de Nancy. Il vit une lueur de larmes dans les yeux de Lucy, et cela contribua grandement à renforcer son cœur contre la femme d'Arthur ; mais il n'avait toujours aucun sentiment contre Nancy. Il était même prêt, plus ou moins, à prendre sa défense.

"Ma tante, semble-t-il, l'a vue à Paris, M. Durant."

"Oh, c'est alors l'histoire de Mme Curtis?" il a dit.

"Vous parlez comme s'il y avait beaucoup d'histoires à son sujet", dit Lucy avec une chaleur soudaine.

"Non; mais on entend de tout, vous savez, en ville, surtout, je crois, à cette époque de l'année, où il y a peu d'hommes et où ils parlent de tout.

"Oui", dit Lucy, "j'ai souvent entendu parler des ragots dans vos clubs, selon lesquels c'est pire et plus méchant que n'importe quel autre ragots."

« Ne soyez pas trop dur avec nous ! C'est aussi mesquin et misérable que les commérages sont partout. Mais j'ai vu Mme Curtis et je l'ai entendu d'elle-même. Ce n'est rien, un malentendu entre femmes… »

« Ce que vous considérez, bien sûr, comme une bagatelle », s'écria Lucy, beaucoup plus piqué par ce contre-coup que par l'assaut contre les massues. Les femmes sont certainement sur ce point plus promptes à s'offusquer que les hommes, qui peuvent s'appuyer sur la sereine confiance de leur propre supériorité.

« Ce n'est pas le cas, en effet ; mais les femmes en question ne sont pas de premier ordre. Mme Curtis était très probablement difficile et interférente ; et Nancy… »

"L'appelez-vous Nancy?" s'écria Lucy en ouvrant de grands yeux.

"Je vous demande pardon. Je me suis habitué à ce nom avant qu'elle ne soit Mme Arthur ; et il y a une si merveilleuse incongruité dans l'idée qu'elle soit Mme Arthur, dit-il en faisant de son mieux pour se concilier par cette remarque ; mais cette erreur de nom avait évidemment eu un mauvais effet, il ne savait pas pourquoi. Il pensait que Lucy (chez qui il n'avait jamais vu auparavant aucune trace d'un orgueil familial aussi stupide) était offensée par une telle familiarité ; et pourtant, que pouvait-il dire pour l'excuser ? "Mme. Curtis était probablement intrusif, poursuivit-il, et Mme Arthur n'en voulait pas.

"Oh, ne changez pas le nom auquel vous êtes habitué pour moi, M. Durant !"

"Je n'y suis pas habitué", répondit-il docilement, sentant que quelque chose n'allait pas, mais ne sachant pas ce que c'était. « Elle n'en voulait pas, je suppose. Je ne veux pas être désagréable, mais vous savez qu'une dame comme Mme Curtis peut être très officieuse et interférente ; et *elle* lui en voulait, je suppose.

Pauvre Durant ! s'il croyait arranger les choses en appelant la femme d'Arthur *elle* , avec ce peu d'emphase, comme il se trompait ! Le cœur de Lucy était conscient d'un frisson et d'un tremblement, comme ceux que pouvait ressentir un pied ou une main s'il heurtait soudainement un angle aigu dans l'obscurité. Elle n'avait pas le droit de se sentir aussi déraisonnablement offensée par Durant, aussi déraisonnablement dédaigneuse envers la femme d'Arthur. Lucy était en colère contre elle-même à cause de la force de ses sentiments, qui semblaient totalement disproportionnés par rapport à l'affaire en question. Elle pensait qu'il était plus digne et plus convenable de se retirer de toute autre question à ce sujet. Mais son aspect changea sans s'en apercevoir, sa forme même devint plus raide et plus droite, et elle dit d'un ton glacial : « Vous avez dit que vous aviez vu Arthur. Est-il en meilleure forme que la dernière fois que nous l'avons vu ?

« Non », dit Durant en hésitant ; «Je ne suis pas en mesure de dire qu'il l'est. J'espère que Lady Curtis ne me posera pas cette question.

"Oh!" » dit Lucy, les larmes lui montant aux yeux, « penses-tu que je ne suis pas aussi inquiète pour mon frère unique, aussi inquiète que maman ?

« En effet, je ne veux rien dire de tel ; mais je peux vous parler plus librement. *Vous* comprenez; vous avez toujours compris, Miss Curtis, dit-il en la regardant avec une tendre admiration qui enleva malgré elle la dureté du cœur de Lucy. «Je ne sais pas comment c'était. Il est si naturel que Lady Curtis… que toute sa famille en voie le plus la folie et la méchanceté. Mais vous avez toujours vu le tout et compris.

«Je n'ai jamais excusé Arthur, M. Durant. Personne ne peut connaître le mal de ce qu'il a fait, la douleur que cela a produit aussi bien que moi.

« Je sais, » dit-il doucement, « c'est d'autant plus d'honneur pour votre cœur délicat qui a compris. Je vous demande pardon, je ne parlais qu'à titre d'explication. Je peux vous parler comme je ne peux parler – à personne d'autre. Arthur n'a pas bonne mine, le pauvre garçon, il est harcelé et inquiet à mort. Tout glamour a disparu de ses yeux, et il voit désormais la famille de sa femme comme les autres les voient, comme des gens très banals, sordides, sans éducation, avec lesquels, ou avec leurs semblables, il n'a aucune affinité. Je ne dirais même pas qu'il ne l'a pas vu plus profondément que moi, par exemple, qui suis tout à fait indifférent. Ils me semblent être des gens assez gentils, à leur manière. Mais Arthur a l'horreur de sentir qu'ils lui appartiennent plus ou moins — et qu'il est appelé à s'associer à eux.

"Pauvre garçon! oh, pauvre garçon ! et il était toujours aussi exigeant ! Mais ce n'est rien, M. Durant : ils ne lui appartiennent *pas* . Il peut s'en débarrasser quand il le souhaite ; mais elle… et elle ? Elle est la principale personne à laquelle il faut penser, dit Lucy avec un soupir qu'il devrait en être ainsi.

"C'est précisément la chose que je peux vous dire, et à personne d'autre", a déclaré Durant. « Elle n'est pas la même qu'eux. Si vous pouviez imaginer une de ces histoires d'enfant volé – qui était toujours différente, toujours supérieure aux enfants de ceux qui l'élevaient… »

« Supérieur : l'histoire de tante Anthony ne ressemble pas beaucoup à une supériorité ! Je pense que vous êtes influencé, comme on dit que les messieurs le sont toujours, par sa beauté, et c'est pourquoi vous faites une exception en faveur de... ma belle-sœur, " dit Lucy, avec un son dans ces mots tel que Durant. n'avait jamais entendu parler de ses lèvres auparavant. Il la regardait dans le crépuscule grandissant avec émerveillement et douleur. Sa certitude de *sa* supériorité sur toutes les autres personnes concernées était-elle sur le point de se révéler vaine ? Il faisait presque nuit et il ne pouvait pas distinguer l'expression du visage de Lucy ; et de toutes les choses au monde, la dernière chose qui aurait pu venir à l'esprit du jeune homme était de trouver une explication à cela qui aurait dû lui être flatteuse.

Lorsqu'il reprit la parole, il y avait une certaine détresse dans sa voix et un demi-ton de plainte : « J'ai pensé que je pourrais oser *vous dire cela* , je pensais que vous comprendriez ; les faits sont tous contre elle. Je crois qu'elle s'en est très mal sortie ; et a permis à tout le monde de voir son manque de cultivation – son étrange – ignorance. Néanmoins, dit-il avec sérieux, je ne désespère pas de Nancy. Quant à sa beauté, elle compte pour moi très peu. Quel effet ils peuvent avoir sur des esprits oisifs et inoccupés, je ne peux prétendre le dire ; mais pour un homme comme moi, avec une vie bien remplie et une imagination préoccupée… »

"Oh, je vous demande pardon, M. Durant", s'écria Lucy, "je ne voulais pas fouiller dans vos secrets."

Elle ne l'aurait pas dit si elle avait pris le temps de réfléchir. Quelle folie de lui faire savoir qu'elle comprenait cette phrase énigmatique sur l'imagination préoccupée ! Lucy continua, accélérant le pas, sentant la lueur d'un rougeur soudain la parcourir dans l'obscurité grandissante. Et le silence semblait les exciter avec toutes sortes de possibilités de ce qui pourrait être dit ensuite. Ils étaient aussi seuls que s'ils avaient été sur une île déserte : des arbres nus se tenant serrés, le crépuscule tout gris parmi les branches, le monde entier immobile et écoutant. Lucy ressentit également un frisson, une sorte de tremblement visionnaire.

« Maman veillera sur toi », dit-elle précipitamment. "Elle me grondera de t'avoir fait marcher si longtemps, alors que tu aurais pu être là dans le dogcart il y a une demi-heure;" et elle accéléra sensiblement son rythme.

Mais Durant n'a pas partagé ce frisson. Cela ne l'affectait qu'avec une touche contraire de découragement. La peur de Lucy à l'idée qu'il lui dise qui avait préoccupé son imagination (pouvait-elle douter de qui c'était ?) se reflétait dans son sentiment mélancolique qu'il n'osait plus lui en dire. Il n'osait pas parce qu'il était pauvre, lui qui, même s'il avait été riche, n'aurait pas été considéré comme son égal par quiconque lui appartenait ; et parce qu'il était l'hôte de son père et incapable de trahir son hospitalité par un mot à sa fille que Sir John n'aurait pas permis. Ainsi, cette suggestion de révélation de soi s'est terminée par un silence vide qu'aucun des deux ne voulait rompre. Lui aussi hâta le pas pour la suivre, et en quelques minutes ils atteignirent la maison, qui éclairait l'obscurité par la porte et les fenêtres ouvertes. Tout semblait tout lumineux, tout ouvert, plein de chaleur et de rayonnement hospitaliers. Lorsque Durant était venu ici auparavant, il était venu avec

Arthur, et il y avait eu une ruée de la mère et de la sœur vers la porte pour rencontrer l'héritier de tout, la première pensée et l'espoir de tous entre ces murs. Durant avait été à maintes reprises attristé par cet accueil chaleureux et exubérant qu'Arthur recevait toujours. Lui aussi avait été reçu avec bienveillance, mais avec quelle différence ! et comme il ne suscitait chez lui aucun enthousiasme particulier, malgré le fait que sa famille lui devait tout, il n'avait jamais pu se débarrasser d'une certaine envie pour Arthur. Mais il était mille fois plus attristé maintenant de gravir les grandes marches du hall et de ne voir aucune mère se précipiter pour recevoir son fils, aucun Arthur venir avec des cris joyeux, rien que lui-même se faufilant doucement, à moitié honteux d'être là sans lui. Arthur, à moitié effrayé à l'idée de regarder Lucy, qui devait le ressentir aussi, le sentit-il. Il ne savait pas comment continuer et croiser le regard de Lady Curtis. Il était sûr qu'ils devaient lui adresser un reproche. "Où est Arthur?" il sentit la maison même lui dire : et il aurait presque souhaité avoir été coupable, avoir pris leurs reproches sur lui et répondre pour l'amour de son ami : « C'est ma faute. » Il s'arrêta dans le couloir et regarda Lucy avec nostalgie. Ses yeux étaient humides et ses lèvres hésitantes. Elle lui tendit la main.

«Je sais», dit-elle; mais quand nous aurons surmonté le premier, ce sera presque comme s'il était venu aussi.

"Presque!" dit-il en secouant la tête. Il sentit ses yeux devenir humides et lui tint la main presque sans savoir qu'il la tenait. Lady Curtis avait entendu le mouvement dans le couloir, même si elle avait essayé de ne pas l'entendre, et le choc lui avait été brisé par l'arrivée de la charrette à chiens qu'elle pensait l'amener. Elle sortit maintenant, cachant son agitation par un sourire, et tendit les mains. Aucun d'eux ne pouvait parler. Mais lorsqu'ils arrivèrent dans cette pièce qui avait vu tant de rencontres heureuses, ce fut trop pour la mère d'Arthur. Elle saisit convulsivement son bras avec ses deux mains, appuya son poids sur son épaule et cria : « Oh, mon garçon ! à travers les sanglots qu'elle ne pouvait réprimer. Durant a été submergé à la fois par l'émotion et la confiance. Il se pencha avec une tendre révérence et l'embrassa sur la joue.

"C'est tout le frère que j'ai jamais connu", a-t-il déclaré.

« Oui, Lewis, oui, je sais ; Que Dieu te bénisse! tu as toujours été du côté d'Arthur.

Lucy restait là, avec d'étranges courants de pensées traversant son esprit, comprenant vaguement l'homme qui n'était pas son amant, mais dont l'imagination était préoccupée par le fait d'être touchée par quelqu'un d'autre — et pourtant tentée terriblement de mal le comprendre, et se demandant avec un sentiment latent. douleur sur le point de naître, si ce n'était pas une des moqueries communes du sort qui faisaient que sa mère le recevait ainsi presque comme un fils, au moment même où il avait cessé d'entretenir ce sentiment qui aurait pu faire un vrai fils de lui? Étranges sont les caprices des jeunes esprits en cette période douteuse, où tout est secret et incertain. Elle n'avait eu aucun doute quant à savoir qui occupait son imagination lorsqu'il avait prononcé ces mots. Avait-elle vraiment un doute maintenant ? ou était-ce qu'elle favorisait une telle chose – en essayant de se faire croire ? ce serait difficile à dire. Elle restait là à s'interroger, sentant en elle tous les germes du doute, et cette inclination à les nourrir, à les développer et à se rendre malheureuse, que la plupart d'entre nous ont ressentie ; tout cela, cependant, tempéré par un curieux frisson de plaisir d'entendre ce que disait Lady Curtis. Louis ! ils l'avaient appelé entre eux Lewis Durant pendant des années, comme (elle n'en doutait pas) il l'avait appelée Lucy ; mais ce nom n'avait jamais été employé auparavant par quelqu'un d'autre que Arthur. C'était un saut indescriptible dans l'intimité. Lady Curtis l'avait adopté, pour ainsi dire, en se jetant ainsi involontairement sur lui et en utilisant soudainement son nom. Mais qu'en pensait *-il* ? était-ce seulement Arthur qui était dans son esprit ?

Lucy attira la chaise de sa mère près du feu et ôta sa propre épaisse veste d'extérieur. Il y avait du thé sur la table, prêt à être servi, et la douce lumière de la lampe et la chaude lueur du feu faisaient ressortir toute la beauté de la pièce, avec ses teintes gaies et ses reflets d'or. Qu'avait-il de mal à faire dans ce lieu joyeux, au milieu de ces grâces artificielles devenues naturelles et aimables par l'usage et l'habitude ? L'agitation des mouvements de sa fille ramena Lady Curtis à elle-même. Ils s'assirent autour du feu comme si le nouveau venu eût été un autre fils et parlèrent d'Arthur. C'était une conversation presque aussi interminable, presque aussi captivante que lorsque la mère et la sœur étaient assises seules ensemble, et avaient l'impression qu'elles ne pourraient jamais s'arrêter. Mais peu à peu, Sir John entra pour prendre sa tasse de thé et demanda pourquoi le train était si en retard, ainsi que tous les détails du voyage. Sir John lui-même avait tardé une demi-heure au-delà de son heure habituelle pour venir prendre son thé. Il avait aussi senti l'arrivée de Durant.

CHAPITRE X.

Le lendemain, les invités ordinaires commencèrent à arriver à Oakley. Ils n'étaient pas d'un caractère très vif. Avec un sentiment instinctif de la différence, dont la famille n'avait guère conscience, des changements avaient été apportés à la liste des visiteurs qui aurait été rassemblée du temps d'Arthur. Presque aucun jeune homme n'était du parti. Quand il n'y a pas de jeune homme dans la maison, à quoi bon demander à des jeunes hommes ? à moins que cela n'ait été au point de vue matrimonial pour le bien de Lucy, idée que non seulement Lucy mais sa mère considéraient (dans ce dernier cas de manière peu judicieuse, il faut le dire) avec mépris. Sir John avait renoncé à la chasse depuis longtemps, et s'il réussissait un coup sérieux une ou deux fois par saison, c'était plus par principe qui fait qu'un vieux roi ouvre un bal que par un penchant personnel plus actif pour ce sport. Le parti se composait donc en grande partie de ses contemporains, les uns au Parlement, les autres dans la loi, appartenant principalement aux professions savantes. Il y avait un juge, et il y avait un directeur de collège, et pendant quelques jours il y avait un évêque ; mais comme ce dernier fonctionnaire était le membre le plus enjoué du parti, on ne pouvait pas le considérer comme ajoutant à sa solennité ; et ces magnats, bien entendu, ne restèrent pas longtemps. Et puis il y avait le Maître des Chiens qui était plus solennel ; et il y avait les femmes de ces messieurs, et dans certains cas leurs filles, et un ou deux hommes égarés de l'ordre de ceux qui connaissent tout le monde et ont été partout, et ont fait un peu de tout, sans obtenir plus qu'une réputation générale. pour eux-mêmes, et sans donner d'indications très claires sur le monde d'où ils sont issus ni à qui ils appartiennent. Il y avait aussi quelques dames de la même espèce, mais dont les familles et les antécédents étaient irréprochables. C'était Lady Curtis, qui abhorrait l'ennui, qui avait ajouté cela. Sir John aimait l'ennui et ne s'opposait pas à avoir à ses côtés une dame qui dînait bien et parlait peu. Malgré les efforts de Lady Curtis, la fête fut cependant ennuyeuse. C'était peut-être trop vieux et trop grave. Les gens mariés bien conduits sont ennuyeux en société. Ils ne s'intéressent pas suffisamment l'un à l'autre pour s'amuser l'un l'autre, et il ne fait guère de doute que, comme source de diversion et d'intérêt pour leurs semblables, un couple de vilaines personnes enclines au flirt et à la mauvaise conduite font un meilleur travail. récompense à leurs animateurs. Cet élément manquait malheureusement chez Oakley ; il n'y avait pas de petit drame à regarder, de légitimes comédies distinguées mûrissant vers le mariage et toutes les joies domestiques, ou d'épisodes plus répréhensibles allant dans l'autre sens, comme ceux qui s'avèrent souvent plus excitants encore pour l'appétit blasé de la société. Et il n'est guère étonnant qu'en l'absence d'autres divertissements, cette respectable assemblée se soit jetée sur les affaires de la famille. Il y avait beaucoup de conversations dans les coins à propos du mariage d'Arthur. La famille Bates était trop bas dans le monde pour avoir même atteint le niveau des commérages, et à part qu'il avait fait un mariage très insensé, une *mésalliance* dans tous les sens du terme, personne n'en savait plus rien, sauf qu'une dame était au courant. avec Mme Anthony Curtis, et avait reçu d'elle un vague récit de sa rencontre avec Nancy. Cette dame s'était fait une idée, tout à fait erronée d'ailleurs, mais une idée de la femme d'Arthur, ce que personne d'autre dans la maison n'avait atteint. Elle pensait (ce qui semblait si naturel) que Nancy devait être une actrice dans un petit théâtre, une *figurante anonyme* , une de ces classes qui sont censées captiver les jeunes hommes bien nés et qui, merveille des merveilles, le font pour l'étonnement éternel du monde, malgré toutes ses théories sur le sujet. Mais il ne venait à l'esprit de personne de supposer que la fille qu'Arthur avait épousée n'avait pas l'avantage d'être méchante et impudique. La dame qui connaissait l'histoire l'a murmurée à d'autres alors qu'aucun membre de la famille n'était présent. « Je l'ai chassée de son appartement, je vous l'assure, ma chère, dit-elle ; « Ils étaient dans les meilleures chambres d'un hôtel le plus cher, je n'ai pas besoin de le dire. Ces gens-là n'épargnent jamais aucune dépense.

« Une fille de théâtre ! — mais quel théâtre ? Il existe de telles différences ; cela veut dire n'importe quoi, depuis une dame jusqu'à une demoiselle d'honneur.

« Ce n'était pas une dame, du moins ; c'est la seule chose qui soit certaine. Elle était une… » Ici, le conteur de l'histoire s'arrêta brusquement, ajoutant d'un ton plus fort : « Je ne connais qu'une seule dame sur scène, mais elle suffit à justifier n'importe quel délire. Mme Kenworthy, vous ne savez pas, vous avez dû la voir.

Il n'est pas nécessaire d'ajouter que c'était l'un des amis de Lady Curtis, une personne d'âge moyen qui connaissait tout le monde, qui parlait, et que la pause soudaine était due à l'entrée de Lucy, qui entra sans se méfier et les surprit au milieu. de leur discours.

"Oh, oui, je l'ai vue", dit un autre en hésitant, tandis que les autres membres du groupe se séparaient avec méfiance et commençaient à se parler avec beaucoup de sérieux. Lucy n'avait pensé à aucun mal en entrant pour voir toutes les têtes ensemble, mais ce désir brisé et évident de cacher le sujet de la discussion la réveilla. C'était le genre de conversations qui se déroulaient dans la maison hospitalière. Lorsque Sir John fut seul pendant quelques minutes avec le juge, qui avait été l'ami de sa jeunesse, ce savant fonctionnaire le prit par la boutonnière et lui dit : « Qu'est-ce que c'est, qu'est-ce que c'est, Curtis, j'ai entendu parler de votre fils ? Ils en parlèrent sous les yeux de Lady Curtis dans le salon tout en sirotant leur thé. Le pauvre Arthur avait été rejeté par sa famille, disaient-ils ; il devait avoir vécu une mauvaise vie auparavant, sinon il n'aurait jamais pu se trouver sur le chemin d'une telle personne, et n'aurait jamais pu l'épouser. L'avait-il épousé ? c'était la question suivante. Ou n'était-ce pas tout à fait peu recommandable, la connexion elle-même et tout ce qui s'y rapporte ? Alors ils parlèrent ; et Lucy pouvait pour une fois le sentir dans l'air, et s'emporter parfois au sens de cet étrange amas de critiques secrètes dont sa famille était l'objet. Elle attaqua au milieu de l'affaire son cousin, le recteur, avec une véhémence nerveuse. Il était en train de parler à Miss Wilton, la dame qui s'était empressée de décrire Mme Kenworthy, lorsque Lucy entra dans la pièce ce matin-là et interrompit une conversation plus importante. Lucy, qui regardait, avait remarqué que Bertie s'était retenu pendant que l'autre lui posait des questions, et qu'après l'entretien, Miss Wilton s'était précipitée chez deux amies qui les attendaient et leur avait communiqué les informations qu'elle avait acquises. Miss Curtis appela son cousin avec un geste un peu impérieux, geste cependant auquel il était très disposé à obéir.

Hubert Curtis ne s'était pas trouvé, jusqu'ici, mieux loti du malheur qui était arrivé à Arthur. Il n'était pas plus apprécié au Hall, et Lucy n'était pas non plus plus encline à sa société que lorsque son frère était à Oakley. Il n'avait pas gagné de terrain. Même s'il était probable qu'elle obtienne une plus grande part des biens familiaux, Bertie ne voyait aucune probabilité que l'avantage lui revienne d'une manière ou d'une autre ; il avait presque, pensait-il, perdu au lieu de gagner par l'absence d'Arthur. Quand Arthur était à la maison, lui, en tant que voisin le plus proche, le seul homme de son âge à proximité, avait une place naturelle à Oakley en plus de celle qui découlait de sa relation. Mais maintenant, que devait-il faire au Hall ? Lucy ne l'encourageait certainement pas à une quelconque dévotion envers elle. Lady Curtis éprouvait pour lui une aversion instinctive, à moitié jalouse, comme elle l'aurait probablement eu pour tout jeune homme dont le comportement sensé et correct était un reproche permanent à Arthur. Et Sir John ne pouvait pas être troublé par le désir de paix et le désir de Bertie de le persuader que tout finirait par bien s'arranger. C'est pourquoi il avait souffert avec Arthur, ce sur quoi il n'avait pas calculé ; et il était impossible de nier que l'histoire de sa mère au sujet de la femme d'Arthur lui avait procuré une sorte de sombre satisfaction. S'il n'était pas meilleur, au moins d'autres étaient les pires ; dit-il, "pauvre Arthur!" avec un contenu méprisant. Si un homme choisissait de se ridiculiser ainsi, il était normal qu'il paie la pénalité, et il n'avait pas pu s'empêcher de répéter l'histoire de sa mère à Mme Rolt, qui était choquée et affligée, comme Bertie, aussi, supposé l'être. Mais il n'avait pas commis la trahison d'en discuter à la Salle. Lorsque Miss Wilton lui parlait, il n'avait aucune envie de lui donner d'autres informations, mais répondait avec le plus de parcimonie possible. Bien sûr, c'était maintenant, alors qu'il avait réellement exercé une certaine vertu, que son châtiment arrivait.

« Bertie, » dit Lucy en s'approchant d'elle, « je veux savoir pourquoi ma tante continue à répandre cette histoire, et pourquoi tu en parles avec tout le monde sauf maman et moi ?

"Quelle histoire?" Mais il n'a pas tenté de la tromper davantage en prétendant qu'il ne savait pas.

«Nous étions les plus intéressés», a déclaré Lucy. « Si vous nous l'aviez dit, cela aurait été naturel et peut-être gentil ; mais pourquoi tu le dis à d'autres personnes ? À quoi cela pourrait-il servir ?

"À quelles autres personnes l'ai-je dit?" il a dit. « J'ai été interrogé là-bas, mais je n'ai pas répondu, ou du moins aussi peu que j'ai pu. Je l'ai dit à Mme Rolt, et je vous demande pardon pour cela. Elle avait tellement hâte de savoir quelque chose et je savais qu'on pouvait lui faire confiance. Ne me blâme pas, Lucy ; Je n'ai pas eu l'intention d'être dur avec Arthur.

« Dur pour Arthur ! Je ne le pensais pas ; il peut mener ses propres batailles, dit Lucy en levant la tête avec un air presque hautain. «Mais vous n'êtes pas gentil avec nous. Vous êtes mon cousin, notre plus proche parent, Bertie. Vous ne devriez pas raconter des histoires désagréables. Et puis tu es un… »

« Continuez, » dit-il ; « rappelle-moi à mes devoirs. Je suis ecclésiastique, n'est-ce pas ce que vous alliez dire ? et je ne devrais pas être un bavard en allant de maison en maison. Je n'essaierai pas de me défendre, Lucy. Si tel est mon caractère, il vaut mieux que je ne dise rien ; et certes, si vous le pensez, je ne puis entreprendre de vous détromper. C'est toi qui es méchant avec moi.

"Je ne pense pas. Je ne voulais pas en dire autant, dit Lucy, déconcertée. « Mais oh, Bertie, pourquoi devrais-tu nous traiter ainsi ? N'est-ce pas nous, n'est-ce pas Arthur, votre propre chair et votre propre sang.

«Je ne suis que trop prêt à le reconnaître, trop heureux d'y penser», dit-il avec un sourire soudain.

Et comme Lucy n'avait aucune difficulté à le regarder, aucune timidité à croiser ses yeux, elle ne pouvait s'empêcher de voir en eux l'empressement et l'adoucissement d'un sentiment indubitable. Au total, outre le fait qu'elle serait très aisée et qu'elle ferait un excellent mariage, il l'aimait aussi sincèrement qu'il l'était en lui. Amour, peut-être, est un mot trop fort ; mais il l'aimait suffisamment pour avoir voulu l'épouser si elle possédait seulement une compétence et rien de plus, si elle n'avait pas été dans une position exceptionnelle en tant que seule enfant obéissante et dévouée de la maison. Que son sentiment fût assez robuste pour l'inciter à chercher Lucy si elle avait été pauvre, c'est une autre question ; mais il aurait peut-être même été assez fort pour cela, peut-être, pour tout ce qu'on pouvait en dire.

Elle aussi était adoucie. Lucy n'était pas de ces jeunes femmes *farouches* qui n'aiment pas être aimées. Elle était désolée qu'un tel sentiment erroné puisse exister dans son esprit, si c'était le cas ; mais elle était tout de même plutôt adoucie que durcie par l'air de conciliation avide et de désir de lui plaire qu'il avait sur le visage.

«Tante Anthony aurait pu nous le dire elle-même. Elle n'aurait pas dû le faire savoir aux autres », dit-elle en changeant de position et sur un ton plus doux.

Mais ici, il avait une très bonne réponse.

« Ma mère n'est pas là », dit-il tout doucement, sans l'ombre d'un reproche. "Elle ne peut ni s'expliquer ni se défendre."

Que pouvait dire Lucy ? Elle rougit pourpre, profondément émue par la piqûre de cette réplique courtoise.

«Je souhaitais qu'elle soit ici», dit-elle.

« Vous souhaitez toujours ce qui est gentil. Je ne pensais pas que c'était toi ; mais, Lucy, tu ne vois pas… »

A ce moment, Sir John arriva, se plaçant de manière à ce que la conversation soit interrompue. Comme la cheminée n'était pas assez proche pour qu'on puisse s'y appuyer, il s'appuya sur une des consoles de marbre derrière laquelle s'élevait jusqu'au plafond une grande glace qui reflétait sa silhouette et les visages des deux personnes qui lui faisaient face.

« J'ai souvent remarqué, dit-il, que lorsque nous avons un mois de novembre doux et pluvieux, le froid est glacial au printemps. Avez-vous remarqué cela, Bertie ? Mais, certes, vous n'êtes pas un oiseau de campagne, vous ne connaissez pas grand-chose à la météo ; mais tu apprendras, tu apprendras avant d'avoir mon âge.

"Cela semble une conclusion assez simple, et cela ne me dérange pas de l'accepter comme faisant partie de mon credo", dit le recteur avec un rire, dans lequel cependant il y avait une certaine surprise, car il ne comprenait pas quel motif son oncle aurait pu se placer là pour faire cette remarque bien sans importance.

«Ils me disent que la réunion doit avoir lieu ici demain», dit Sir John; « et quelques dames vont monter à cheval. Je suis très contente que Lucy ne chasse pas. Tu ferais mieux de venir te rendre utile, Bertie, maintenant qu'il n'y a personne dans la maison. Je suppose que tu ne roules plus maintenant, à proprement parler ? Bien sûr, il y a Durant ; Je ne sais pas quelle est sa fantaisie. Je n'ai jamais été moi-même un homme de cross-country. J'ai toujours aimé les activités plus sérieuses. Votre père maintenant, mon frère

Tony, il l'a toujours aimé – une sorte de garçon pratique. Quant à moi, j'ai toujours pris plaisir aux choses plus sérieuses.

« Vous êtes né pour le Parlement, Monsieur, » dit le recteur, moitié avec une satire voilée, moitié avec une disposition à plaire à son oncle, qui avait été assez bon, et de qui pourrait encore venir davantage de bonté.

« Eh bien, oui, vous avez peut-être raison », dit Sir John ; « C'était plus dans ma manière ; J'ai toujours été intéressé par les affaires publiques. Quand j'étais enfant à Eton, je lisais les débats aussi régulièrement qu'aujourd'hui – et je n'ai jamais changé mes principes ni retourné mon manteau, Bertie. C'est quelque chose à dire après trente ans de vie publique. Je n'ai jamais vu de raison de modifier mes opinions comme le font tant de gens. Un ensemble de principes a suffi à me guider tout au long de la vie, et je ne peux pas croire qu'un homme en veuille plus.

«C'est un état d'esprit très heureux, Monsieur», dit le Recteur, se demandant de plus en plus pourquoi son oncle l'avait élu pour entendre les caractéristiques de sa sagesse. Lucy s'était intelligemment enfuie pour accomplir son devoir auprès des autres invités, et seule Lady Curtis était consciente de la véritable signification de son mari. Elle sourit en elle-même devant son simple stratagème pour séparer Lucy d'un homme qui pourrait avoir les prétentions d'un amant. Mais quand Lucy, après s'être éloignée du côté de son cousin, fut vue peu de temps après chez Durant, alors ce fut au tour de Lady Curtis de paraître sérieuse, et elle-même quitta sa propre chaise lorsqu'elle les vit parler, avec un ton vif. sentiment du même besoin d'ingérence qui avait animé son mari. Lorsque Lady Curtis les rejoignit, leur conversation était assez simple, rien qui puisse alarmer les parents ; mais pourtant elle restait là à parler avec quelque chose de son ancienne luminosité, jusqu'à ce que Lucy ait quitté à son tour ce bout de la pièce et soit allée porter du réconfort à la vieille Mme Nuttenden dans le coin, qui était légèrement sourde et non sourde. amusant – avec ses efforts pour amuser qui, personne n'est intervenu.

Durant ne remarqua pas la légère interférence dans le cas du recteur, mais il la sentit très distinctement dans le sien, et se dit avec un petit pincement au cœur qu'il ne donnerait aucune occasion à cette vigilance, mais qu'il abrégerait le séjour qu'il envisageait comme il l'avait fait. déjà prévu de le faire. Ce n'était pas parce que la gentillesse, voire l'affection avec laquelle il avait été reçu au début, avait manqué. Lady Curtis lui parlait comme à personne d'autre qu'à Lucy, se confiait à lui, l'appelait Lewis, comme elle l'avait fait à son arrivée, et discutait de son fils avec lui, avec la liberté et la confiance familiales, d'une manière en effet qui aurait pu le faire. a rempli de nombreux jeunes hommes d'une imagination affectueuse et les a fait se sentir presque courtisés. Et Sir John était plutôt gentil, quoique d'une manière différente. Il s'était toujours montré légèrement méfiant à l'égard de Durant, considéré comme l'un de ces hommes intelligents qui ne sont jamais tout à fait en sécurité et dont on ne peut pas être trop sûr des sentiments niveleurs et athées qui peuvent accompagner leurs dons intellectuels. Sir John, un homme du genre de milady, l'avait toujours considéré non pas comme un serviteur à lui, mais comme un de ses adversaires ; pourtant, parce qu'il était si associé à Arthur, le cœur de Sir John avait également fondu pour lui. De sorte que ce n'était pas un échec de l'accueil le plus cordial qui incitait Durant à se dépêcher de s'en aller. Il rentra dans sa chambre ce soir-là, tout à fait décidé par l'attitude de la femme qui l'appelait par son prénom, et le regardait avec une affection si maternelle dans ses yeux. Était-ce la faute de Lady Curtis ? Il ne lui en a pas reproché. Il se disait que si Lucy avait été sa propre sœur, il ne l'aurait pas donnée à un pauvre avocat, sans famille, sans relations, avec des fardeaux sur les épaules et aucun honneur à lui accorder. Pourquoi devrait-il s'attarder là ? Maintenant qu'Arthur était si loin d'Oakley - maintenant, par-dessus tout, qu'Arthur était *marié* , la plus complète des influences de rupture, il était inévitable (dit-il) que ses liens avec Oakley se dissipent progressivement. Ils ne le penseraient pas – ils ne le souhaiteraient pas – et pourtant cela arriverait ; et pourquoi devrait-il chercher à l'empêcher ? N'y avait-il pas entre eux un grand abîme, cet abîme que la richesse aurait peut-être comblé, et que l'argent de son vieux grand-père aurait jeté un pont d'or, s'il avait encore existé ; mais qui maintenant béait comme un gouffre sans fond, et ne pouvait jamais être traversé par aucune de ses habiletés ou efforts. Doit-il rester uniquement pour s'en faire davantage comprendre ? Il se décida le soir même.

Mais cela ne l'empêcha pas, le lendemain de ces événements, qui était un dimanche, de se retrouver aux côtés de Lucy dans un des moments calmes de cette journée tranquille. Il partait le lendemain matin, et il lui arriva par hasard d'entrer dans la salle Louis Quinze, dans l'intervalle entre l'église et le déjeuner, qui est un moment de dispersion générale où personne ne sait où est personne. Lucy était dans la salle du matin en train d'écrire une lettre lorsque Durant entra. Il était très renoncement à lui-même, mais quand elle s'arrêta et posa son stylo et dit : « Entrez, ne partez pas ! il n'a pas pu résister à l'invitation. Il entra et se tint près d'elle, appuyé au coin de la cheminée, près d'un de ces gros Amours rococo entre lesquels Sir John aimait tant se placer. Et Lucy était un peu impatiente, presque agitée, plus résolue à lui parler qu'il ne l'était à lui parler. Elle dit sans préface : « Est-ce que tu pars vraiment demain ? J'ai été surpris… et il me semble ne pas vous avoir vu du tout, ni avoir dit la moitié de ce que j'avais à dire.

« Je dois y aller, dit-il avec un soupir, pour plusieurs raisons ; et surtout parce que...

"Parce que quoi? Vous ne pensez pas qu'il y ait de changement, M. Durant ?
Il ne faut pas penser qu'il y a un changement : il n'y a personne en qui maman
ait autant confiance qu'en toi.

« Je suis très heureux de le penser, dit-il, et de croire qu'elle me ferait
confiance si quelque chose arrivait, si j'étais recherché. Ici, il fit une pause et
ajouta à voix basse : « et toi aussi ?

"Et moi aussi! peux-tu en douter ? Je sais, dit Lucy en hésitant, qu'Arthur n'a
pas de véritable ami.

Il fit un petit geste inconscient de la main. Elle savait exactement ce que cela
signifiait. Cela voulait dire Arthur, toujours Arthur ! jamais rien pour son
propre compte ; toujours pour l'usage qu'on pourrait en faire. Mais cela aurait
été très déraisonnable s'il l'avait exprimé en mots, car c'était précisément pour
cette raison qu'il avait prétendu qu'on lui faisait confiance, « si quelque chose
arrivait, si on le voulait ». Très déraisonnable et incohérent ; mais alors les
hommes le sont.

Et que pouvait-elle dire ? Elle ne pouvait pas prendre l'initiative et lui dire
que son intérêt pour lui, au moins, n'était pas uniquement dû à Arthur. Elle
fit une pause tremblante, puis dit : « Tout est si différent cette année. Nous
n'avons fait que vous parler d'Arthur. L'époque où nous parlions si librement
de nous tous semble révolue.

« Oui, dit-il, c'est gentil, très gentil de votre part d'utiliser de tels mots. Que
de discussions nous avons eu ici, de nous tous ! avant que nous commencions
à ressentir les différences entre nous.

"Quelles différences ?" dit-elle avec empressement. "M. Durant, j'espère que
vous êtes trop généreux pour penser que des différences extérieures… » La
pauvre Lucy rougit et devint si impatiente que son sérieux déjoua son objectif
et qu'elle ne put prononcer les mots.

« Pas ça, » dit-il, « pas la perte de notre argent. Je sais que personne ici n'aurait
une moindre estime de moi pour cela — peut-être mieux, ajouta-t-il avec un
sourire, étant donné que je suis maintenant un homme pauvre, sans aucune
prétention d'égalité en raison de la richesse. Je ne voulais pas dire ça; mais
plutôt l'illumination qui vient avec les années, et qui me montre à quel point
moi, étant ce que je suis, je pourrai jamais être sur le même pied que vous.

"M. Durant, tu n'es pas gentil, tu *n'es* pas généreux !

« Ce n'est pas le cas… ce n'est pas le cas ; mais je suis plus âgé et un peu plus
sage. Et selon la coutume des choses mortelles, cette illumination vient juste
au moment où elle m'est la plus douloureuse et la plus amère à réaliser.

"Je ne t'entends pas le dire", dit Lucy en se levant tremblante de sa chaise. « Différence – quelle différence ? Je n'en connais aucun. On ne m'en a jamais parlé.

Et il la regardait tout frémissant du désir d'en dire davantage, d'ouvrir les portes de son cœur, de se montrer elle-même et tout ce qui s'y trouvait. Il la regarda et secoua tristement la tête.

«Je n'ai pas le droit d'en dire plus. Je serais une pauvre créature si j'en disais davantage ; mais il en est toujours ainsi, et il vaut mieux que je m'en aille. Vous ne me comprendrez pas mal ? Ce serait le plus cruel de tous.

«Je pense qu'il y a une chose plus cruelle», dit Lucy avec une impulsion qui l'entraîna et qu'elle ne put se pardonner ensuite, «c'est de dire des mystères à vos amis et d'espérer qu'ils vous comprennent, et pourtant ne leur dis jamais ce que tu veux dire, c'est la chose la plus cruelle.

« Dois-je alors parler, même si c'est sans espoir… même si c'est presque déshonorant ? cria-t-il, excité et essoufflé. Lucy tremblante, se tourna à moitié, mais à moitié éloignée.

« Ah ! tu es là alors ! Je vous cherchais », dit la voix de Lady Curtis à la porte. "Tu parles à Lucy qui a une lettre à écrire, et j'ai quelque chose à te dire, Lewis, viens me voir ici."

Lucy s'était remise à écrire avant que sa mère ne cesse de parler ; elle ne le regarda même plus ; mais elle dit très bas : « Je pense que je comprends », alors qu'il la dépassait lentement pour obéir à cet appel.

Et le lendemain matin, il s'en alla.

CHAPITRE XI.

APRÈS la crise de cette conversation avec Mme Curtis, qui fut à l'origine de tant de mal et de méfaits, Arthur et Nancy cessèrent de se disputer. Ils avaient chacun fait et dit des choses dont ils étaient disposés à se repentir, et sentaient généralement l'existence d'un état de choses alarmant, qu'au pire ils ne pouvaient voir sans sentir qu'il était peut-être possible d'aller trop loin. Le fait qu'Arthur soit parti sans la voir après ses impolitesses envers sa tante, son absence pendant des heures, son silence absolu à ce sujet lors de leur rencontre au dîner avait produit un grand effet sur Nancy. Elle avait eu sur les lèvres, toute la soirée, d'introduire le sujet, de s'excuser ou de se défendre, selon ce qui serait le plus opportun du moment. Mais Arthur ne lui en laissa aucune occasion. Il avait sur elle l'avantage de l'éducation, l'habitude de la retenue, du moins le sentiment qu'il fallait parfois se retenir, leçon élémentaire à laquelle Nancy n'était pas encore parvenue. Et l'effet sur elle fut grand. Elle aussi gardait le silence, bien que contre sa volonté. Elle enferma dans son cœur ce sujet qui, si elle en avait parlé, l'aurait sans doute enflammée jusqu'à une double colère. Et elle commença à avoir un peu peur du mari avec lequel elle avait jusque-là joué comme elle le ferait, mais qui maintenant, dans sa réserve et son calme nouveau-né, était plus qu'elle ne pouvait gérer. Elle avait peur de lui pour le moment. Il n'était plus en son pouvoir. Une terrible menace semblait se cacher dans son silence ; et la conséquence fut qu'ils vécurent dans une bien plus grande harmonie pendant la semaine suivante, à la fois un peu alarmés et repentants, et craignant de faire un autre pas dans la mauvaise direction. À la fin de ce temps, Arthur découvrit, comme Nancy lui l'avait déjà suggéré, que, si grand que fût son désir d'aller en Italie, ses moyens ne le lui permettraient pas. Ils vivaient depuis trois semaines dans leur charmant petit appartement, ils utilisaient constamment la voiture, et tout ce qu'un hôtel parisien peut fournir de plus agréable aux yeux et au palais, et il ne restait plus rien ou presque rien. Arthur ne s'en était pas rendu compte lorsqu'il avait écrit sa lettre à son père. Il avait en effet écrit plus en raison de sa douloureuse détermination à soutenir sa femme, même face à ce qu'elle avait fait à ses proches, en se soumettant à sa volonté concernant leur avenir, que pour un motif plus raisonnable. Il savait très bien comment cette histoire allait passer, comment elle parviendrait aux oreilles de sa mère et de Lucy, et comment tous ceux qui le connaissaient auraient pitié du pauvre Arthur. C'est ce qui lui fit abandonner tout à coup son opposition et se résoudre à faire ce qu'elle voulait. À tout prix, il maintiendrait son crédit, quel que soit le traitement qu'elle lui réserverait. Ils pourraient faire d'elle ce qu'ils voulaient, ils pourraient raconter toutes les histoires qu'ils voudraient - il ne pouvait pas, il le savait, les contester, mais en tout cas tout le monde devrait voir qu'il la soutenait au moins dans sa façon d'agir, lui apportait son soutien. à travers tout. Cette résolution généreuse, quoique peut-être insensée, pleine de cet amour affligé et souffrant qui ne peut plus nier la justice des accusations portées contre sa bien-aimée, avait été prise avant qu'il ne connaisse la nécessité de rentrer chez lui ; mais cette nécessité le rendait moins forcé et moins contre nature. Pendant la dernière semaine de leur séjour, il n'y eut guère de tentatives de divertissement. Denham, qui avait trouvé une grande satisfaction à observer les démarches de la mariée, et qui avait déjà fait de nombreux cercles joyeux en décrivant les efforts anxieux de son mari pour l'intéresser à ce qu'elle voyait et entendait, ainsi que sa propre ignorance absolue et son *ennui non dissimulé* . était toujours là pour suggérer quelque chose, et avait en effet deux ou trois projets personnels pour partager ce charmant spectacle avec quelques-uns de ses amis, avec une confiance dans la simplicité d'Arthur, qui n'aurait peut-être pas été justifiée par l'événement. Il y en avait deux notamment à qui il avait promis une introduction à sa « délicieuse Anglaise », si les jeunes gens avaient accepté la loge de l'Odéon qu'il leur avait offerte, et l'espiègle attaché était bien déçu de l'échec de ses projets. Ils l'ont cependant refusé d'un commun accord. Nancy s'était persuadée que ce n'était « pas amusant » d'aller au théâtre quand on ne comprenait pas un mot, et Arthur, de son côté, était devenu dégoûté de tout ce qui était public. Comment savait-il qu'ils ne rencontreraient peut-être pas quelqu'un d'autre qu'il serait obligé de présenter à sa femme, et que sa femme recevrait avec la même amabilité qu'elle avait montrée à Mme Curtis ? Les Curtis étaient toujours à Paris, et lui-même avait tenu une conférence passionnante avec sa tante et Mary ; mais ils ne venaient plus rue Rivoli. Cette opportunité de se faire des amis était devenue le moyen le plus simple de se faire des ennemis. Il ne ferait plus de tels essais. Ils étaient donc assis « à la maison », dans la jolie petite pièce aux murs blancs et aux rideaux blancs. Arthur pouvait toujours écrire ses lettres – il n'en avait pas beaucoup à écrire maintenant, puisque sa correspondance familiale était coupée et qu'il avait laissé tomber la plupart de ses amis, mais il continuait quand même à dire ; il écrivait ses lettres pendant qu'elle était assise près du feu, retirant et mettant parfois des volants ou des passementeries à ses robes, parfois bâillant sur un journal ; ils se parlaient un peu de temps en temps et bâillaient par intervalles ; ils n'avaient pas de livres, à l'exception de quelques volumes de Tauchnitz, ce qui leur évitait un effondrement complet, et ils se couchaient tôt, ce qui semblait toujours une chose vertueuse. Ainsi les jours passèrent. Ils ne parlaient plus de rentrer « chez eux », mais il était tacitement entendu entre eux qu'ils *rentraient* . C'était ainsi qu'ils devaient l'appeler. Et le jour fut fixé, les cartons emballés, et tout fut réglé, sans presque aucune autre consultation. La vie, cependant, était devenue une prose très sobre après l'exultation triomphale du début, lorsque trois semaines après leur mariage, ils traversèrent de nouveau la Manche tôt le matin, Nancy très malade et Arthur digne mais pâle, et arrivèrent à Londres par un jour pluvieux. Nuit de décembre, humide et misérable comme tout pourrait l'être.

Le lendemain, ils *revinrent* . Arthur avait pris chambre dans la petite auberge qui se trouvait en face de la maison de M. Eagles, donnant sur le green, où Durant avait été logé. Mais avant d'arriver à cet endroit, il y avait un message d'accueil à transmettre à la gare, toute la famille Bates, rien de moins, s'étant rassemblée pour accueillir leur fille. Le moral de Nancy s'était remonté dès le moment où elle avait touché le sol anglais. Elle avait parlé à tout le monde, aux gardes, aux porteurs, aux domestiques de l'hôtel, avec une satisfaction exubérante, malgré le mauvais passage et ses conséquences naturelles.

"Oh, quelle bénédiction d'être à la maison !" dit-elle. « Oh, Arthur, n'est-ce pas agréable d'être de retour ? J'ai l'impression que je voudrais embrasser tout le monde. Comme tout est plus joli en Angleterre ! On peut prendre du thé ou de la bière, au lieu de toujours ce vin aigre ; et des petits pains à la saucisse et des petits pains de bain ! » s'écria Nancy en regardant avec un plaisir non feint ces épouvantables luxes dans la buvette de Douvres. Arthur avait eu l'idée de crier : « Pour l'amour du ciel, parlez un peu plus bas ! mais il se dit : à quoi bon ? Une ou deux personnes se sont retournées et ont souri. Et elle a acheté un petit pain de bain malgré ses récentes souffrances. Cela parut à Nancy meilleur que tous les *plats délicats* du monde. C'était de l'anglais, c'était adapté à ses goûts indigènes et à sa digestion habituellement fine. Arthur l'emmena précipitamment avec la délicatesse répréhensible dans un petit sac en papier à la main.

« Il faut céder un peu aux préjugés », dit-il. "Vous savez, la plupart des gens pensent qu'il n'y a rien de tel que la cuisine française."

«Je n'offrirais pas un bon dîner anglais simple - ma mère en aura un pour nous demain, je sais - à cause de toutes les petites bibelots qu'ils ont en France», dit Nancy.

Quand elle était Nancy Bates, elle ne parlait pas ainsi et ne mangeait pas de petits pains dans des sacs en papier. Le fait d'être Mme Arthur Curtis, avec un brave gentleman, une « houle » indubitable pour un mari, redevint une conscience exaltante et tourna un peu la tête de Nancy dès qu'elle fut de retour en Angleterre ; et comment pourrait-elle montrer sa satisfaction aussi bien que par cette indulgence démonstrative de goûts personnels et cette ostentation de satisfaction personnelle qui est l'essence de la vulgarité, et qui pourtant n'est peut-être que la simple écume de l'ignorance et de la confiance légère ? Tout cela était suffisamment pénible pour Arthur, surtout lorsque des étrangers entendaient ces éclats patriotiques et montraient par leurs sourires, en passant, leur appréciation de sa simplicité. Mais lorsqu'ils arrivèrent à la gare d'Underhayes, où Mme Bates, Matilda et Sarah Jane attendaient sur le quai, le cœur d'Arthur se serra dans sa poitrine. Pourquoi?

Si la mère de Nancy avait été duchesse, elle n'aurait pas pu faire autrement. Mais Mme Bates, avec son front brun et ses fleurs sur son bonnet, et Sarah Jane à la dernière mode, étaient trop pour le pauvre Arthur. Il s'occupa des bagages et se demanda comment se faisait-il, après tant de fois qu'il les avait vus auparavant, qu'il ne les ait jamais vus jusqu'à présent ? Et c'est ainsi qu'il allait être entouré pour le reste de sa vie ! Les visions de sa mère et de Lucy lui apparurent alors qu'il voyait les cartons de Nancy, tellement plus grands et plus lourds maintenant qu'ils étaient partis, soulevés – les siens ! avec leurs pas légers, leurs voix douces, la tendre joie de leurs yeux. Mme Bates aimait probablement son enfant autant que Lady Curtis l'était d'Arthur ; qu'elle devait montrer que l'affection si différente n'était pas de sa faute, mais de celle de la Providence qui avait réglé son sort dans la vie. Il essayait de se dire qu'il en était ainsi, mais c'était dur. En somme, le mieux était de garder les loges jusqu'à la fin des accueils et des accolades que toute la ville semblait être venue voir. Certains des « hommes » de M. Eagles se trouvaient parmi les passagers du train. Arthur se recroquevilla parmi les bagages pour échapper à leurs regards.

"Où est Arthur?" dit Mme Bates. « J'espère qu'Arthur sait que tu ne seras pas autorisé à aller dans une auberge le premier jour de ton retour. Bien sûr, c'est le thé, pas le dîner, comme je suppose que vous en avez l'habitude ; mais du thé, avec un bon poulet rôti et des saucisses, qui vaut tous les jours un dîner ; et tout est prêt et attend. Arthur ! Combien de temps il reste sur les cartons pour être sûr. Devons-nous le laisser les envoyer au Dragon, et tu viens avec moi, ma Nancy ?

« Arthur ! Arthur ! » s'écria Sarah Jane à pleine voix en se précipitant vers lui, maman est partie avec Nancy, et je dois t'attendre. Vous n'avez pas besoin d'être aussi exigeant concernant les cartons, le porteur les prendra en toute sécurité. Et venez, venez ! Nancy est déjà partie avec sa mère et j'ai très faim de mon thé.

L'un des « hommes » chez M. Eagles se retourna, entendant chaque mot de ce discours, et sourit, pensa Arthur, en dérision.

« Ne m'attendez pas, » dit-il faiblement. « Continuez, s'il vous plaît, et je vous suivrai. Il y a beaucoup de choses à régler, et je dois voir quel genre de chambres on nous a donné. Continuez, et ne faites pas attention à moi.

"Oh, si tu es trop bien pour descendre Underhayes avec ta propre belle-sœur!" s'écria Sarah Jane ; et au grand soulagement d'Arthur, elle s'offusqua et se précipita après sa mère et ses sœurs, appelant cette fois : « Nancy ! Nancy ! arrête un peu, j'arrive.

L'« homme » s'attarda jusqu'à son départ, peut-être avec un peu de pitié pour le marié. C'était un joyeux garçon de vingt ans, qui se préparait à l'examen civil indien, et qui avait toujours été habitué à penser que son cas était plutôt difficile et que Curtis était une grande « bosse ».

« Comment vas-tu, Curtis ? Puis-je m'occuper de ces choses pour vous ? dit-il en s'approchant timidement. Arthur s'empressa d'effacer tout signe de temps nuageux de son visage abattu.

« C'est une tâche ardue de s'occuper d'eux », dit-il ; « Mon premier essai, tu sais, et on s'emporte. Tu travailles toujours dur, je suppose ?

"De plus en plus difficile! Eagles devient de plus en plus en colère chaque jour. Quels chanceux ont certains ! » dit le jeune homme avec un petit soupir, en hochant la tête et en se détournant.

Arthur se sentit faire écho au soupir. Était-ce lui qui était l'heureux élu ? C'est ce qu'il avait pensé également lorsqu'il avait quitté Underhayes, emportant avec lui la fiancée pour laquelle il s'était senti prêt à abandonner le monde entier. C'est une chose assez facile à dire. Abandonner tout le monde et emporter sa Nancy dans un Eden fleuri où personne ne pourrait se mêler de son bonheur – ah, oui ; mais la famille Bates ! Eux, c'était évident, ne se laisseraient pas abandonner comme tout le monde. Arthur marcha à loisir, heureux de reporter le moment des retrouvailles, jusqu'à l'auberge, visita ses chambres et déposa ses bagages. Peut-être Nancy avait-elle le droit d'être en colère quand il la suivit enfin. Ils avaient attendu que le poulet et les saucisses soient presque froids ; mais à ce moment-là ils étaient au milieu de leur repas, M. Bates déjà dans ses pantoufles au pied de la table quand Arthur arriva. Le petit salon était chaud et étroit, plein d'odeurs mêlées ; ils étaient tous un peu rouges, à cause de la chaleur inhabituelle, et à cause du repas. Nancy elle-même avait été placée près du feu, comme la voyageuse à qui la meilleure place était nécessairement donnée, et elle était rouge d'excitation, de plaisir, de colère et d'atmosphère étouffante réunies. Les voix cessèrent toutes quand Arthur entra.

"Je pense que vous auriez pu rendre hommage à ma mère en venant directement", dit Nancy d'une voix haute.

« Oh, chut, chérie, chut ! Je suis sûre qu'Arthur ne voulait aucune impolitesse », a déclaré Mme Bates.

Mais il y eut un intervalle de silence, marquant la désapprobation générale, et tous se tournèrent vers lui comme vers un coupable. Il s'assit à la place vacante bien malgré lui, au milieu de regards hostiles ou indignés. Même dans la famille Bates, il n'était plus le bienvenu comme un ange du ciel.

« Je suis désolée que tout soit froid », a déclaré Mme Bates ; « Nous avons attendu aussi longtemps que possible. Mais Nancy avait très envie de prendre son thé après son voyage. Voici une cuisse de poulet que j'ai gardée pour vous.

"Je n'ai pas faim", dit Arthur, sentant sa nouvelle aliénation et sa séparation au milieu de toute la fête silencieuse. «Je vais prendre une tasse de thé, s'il vous plaît. J'avais les cartons à entretenir.

« Vous auriez pu laisser les cartons pour vous débrouiller seuls », dit sa femme ; « tu n'es pas toujours aussi prudent. Vous êtes peut-être venu avec moi lorsque je suis rentré à la maison après mon mariage. Et tous les gens qui nous regardaient fixement ; mais cela ne vous dérange pas. Avant, c'était différent quand nous étions ici ; mais je n'ai plus beaucoup d'importance maintenant, s'écria Nancy. « Les épouses sont différentes des amantes ; Je vois tout cela maintenant.

Arthur sentit une sensation de désespoir glacial l'envahir au milieu de cette chaleur domestique. Il se retint par un effort étrange et ne voulut rien dire ; et, en effet, il n'éprouvait pas l'impulsion de la passion pour parler. Un morne découragement s'empara de lui. Combien de fois il s'était assis là sur le canapé dans le coin et se sentait heureux ! Qu'est-ce qui a fait le changement ? car Nancy avait montré des « colères », des caprices, des humeurs incertaines avant leur mariage. Mais cela ne l'avait pas affecté comme maintenant. Le secours lui vint cependant d'une manière inattendue.

« Je n'approuve pas le fait de harceler un homme, quoi qu'il fasse », a déclaré M. Bates. « Si vous avez eu des disputes en lune de miel, vous devriez avoir le bon sens de les arrêter maintenant. Si vous aimez vous quereller chez vous, je n'interviendrai pas, je n'en ai pas le droit ; mais ne le faites pas ici. La maison de votre père n'est rien de plus que la maison d'un ami en ce sens. Ce n'est pas à toi, Nancy, d'exposer ton mari ici.

"J'espère que je sais quelle est ma place, aussi bien que vous ou n'importe qui d'autre", a déclaré Nancy, devenant rouge et acceptant le défi. Elle n'avait jamais aimé la retenue, et elle l'aimait moins que jamais. Elle secoua la tête en signe de défi, retranchée comme elle l'était derrière les murs de soutien et d'abri que lui offraient sa mère et ses sœurs, qui prirent inconditionnellement son parti. Elle lança un regard de défi à l'autre bout de la table, où Arthur était assis avec une rougeur de honte sur le visage, et le pauvre M. Bates dans sa cravate blanche froissée pour son seul partisan.

"Je pense que M. Bates a raison", dit Arthur, "et qu'il serait préférable de reporter cette question jusqu'à ce que nous soyons seuls."

« Et j'espère que vous avez trouvé Paris agréable, Monsieur », dit le père bien intentionné. « J'ai souvent entendu dire que c'était une très belle ville. Cela a dû être un grand avantage pour Nancy, de le voir avec quelqu'un qui le connaissait bien. Dans ma jeunesse, aller en France était plus une affaire qu'aller en Amérique ne l'est maintenant. Mme Bates et moi n'avons jamais eu l'avantage de voyager à l'étranger ; mais il y a bien des choses dont vous, les jeunes, profitez maintenant, et que vos pères et vos mères n'avaient pas.

« Vous pouvez parler pour vous-même, M. Bates », a déclaré sa femme. « Je ne peux pas dire que j'ai jamais eu envie d'aller à l'étranger. Il y a beaucoup à apprendre en Angleterre, si l'on veut faire bon usage de ce qu'on sait ; et Nancy, la pauvre enfant, ne semble pas avoir apprécié. Regardez comme elle est maigre et si pâle. Elle m'a fait très peur quand je l'ai vue pour la première fois. « Est-ce que c'est ma Nancy épanouie ? » Je me suis dit – sans vouloir jeter la moindre réflexion sur Arthur. Que sait l'homme de telles choses ? Elle en fait trop. Je suis sûr que c'est ça, des bruits ici et là et partout, et des engagements le soir...

« Nous n'avons pas eu beaucoup d'engagements en soirée », a déclaré Nancy. « Au début, nous allions au théâtre ; mais nous nous sommes vite fatigués. Le jeu des acteurs était si mauvais, pas comme le jeu des acteurs anglais ; et un français si étrange, qui ne ressemble en rien à tout ce que j'ai jamais appris. D'une part, ils parlent si vite. Mais je ne comprenais pas du tout, et à quoi bon aller voir une pièce de théâtre et ne pas comprendre un mot ? Et nous n'avons jamais vu personne, sauf une tante d'Arthur, une personne - mais je ne parlerai pas d'elle, car elle était impolie avec moi - et Sir John Denham, qui venait s'asseoir le soir et qui nous amenait billets pour les places. C'était très gentil de sa part ; et il y avait beaucoup d'endroits à voir, et tout un tas de vieilles photos et de choses dont Arthur pensait que j'allais devenir fou ; mais je ne l'ai jamais fait. Un endroit était l'endroit où une prison avait été démolie (je ne me souvenais jamais des noms) et un autre était l'endroit où la reine avait la tête coupée.

"Oh, là!" s'écria Sarah Jane.

« Oui, c'était une chose agréable à laquelle s'intéresser, n'est-ce pas ? Oh, les très nombreuses personnes qui ont eu la tête coupée, si vous pouviez y croire ! Comme si c'était ça qu'on voulait voir ! Je n'ai jamais cru au quart de ce qu'ils disaient.

« Et c'est tout à fait vrai », dit sa mère ; « Ils inventent des histoires ; mais n'es-tu pas allée voir quelque chose d'un peu plus vivant, Nancy ? Je pensais qu'il y avait tout ce qu'il y avait de gay à Paris. Mais si c'était tout, mon pauvre enfant, je ne me demande pas si tu te sentais déprimé, loin de tous ceux que tu connaissais. Mais les choses seront bien différentes maintenant », a-t-elle déclaré d'une manière encourageante. « Vous vous installerez, vous et Arthur, dans une jolie petite maison anglaise douillette. Il n'y a pas d'endroit comme 'ome', comme le dit la chanson. Et vous tomberez dans le chemin l'un de l'autre ; et vous nous aurez à portée de main en cas de problème. Oh, tu verras, tout se passera comme du velours ! et moi, ou Sarah Jane, ou Matty, toujours pour vous aider à mettre les choses au clair.

À cette perspective, Nancy s'éclaira et la conversation reprit sur un ton plus animé. Mais les sourcils de Nancy se sont abaissés quand Arthur, sentant tout cela devenir de plus en plus intolérable, s'est levé juste avant la scène du rhum et de l'eau, sous prétexte de faire des affaires.

«J'ai quelques lettres à écrire», dit-il. Le visage de Nancy s'assombrit à nouveau et M. Bates se lamenta bruyamment.

"Je pensais que tu m'aurais rejoint et que tu serais à l'aise, maintenant tu es un homme marié et tu as terminé tes fréquentations", a déclaré le percepteur. Pauvre Arthur ! était -ce qu'on attendait de lui qu'il partage aussi le rhum et l'eau ? Il ne savait guère comment il avait finalement réussi à s'enfuir, promettant de revenir chercher sa femme lorsque ses lettres seraient écrites. Mais il n'avait en réalité aucune lettre à écrire. Il marchait tristement dans l'obscurité, se demandant ce qu'il allait faire. C'était peut-être faible de lui avoir cédé, de lui avoir permis de le ramener ici ; tout était intolérable, la maison, la famille, les discussions. Ils se sentaient assez bien autrefois, comment se fait-il qu'ils soient désormais au-delà de toute patience ?

CHAPITRE XVI.

Le lendemain, rendue à une parfaite bonne humeur par l'occupation, Nancy sortit avec sa mère visiter quelques maisons qu'elles avaient déjà choisies pour son choix. Elle entra dans le petit salon dans lequel Arthur avait parlé à Durant de son mariage, et où le jeune couple était maintenant établi, rayonnant et rayonnant après sa première promenade, pour lui parler de ces résidences désirables. Rose Villas, Glenfield Road, était le nom de la rangée dans laquelle se trouvaient deux maisons, une vide et une meublée, à louer.

« Vous devez venir avec moi et les voir dès que vous aurez déjeuné. Je ne veux pas de déjeuner », s'écria Nancy. « Je suis tellement ravie ! Les très chères petites maisons, Arthur ! juste assez grand pour nous, et si lumineux, avec des jardins à l'arrière et à l'avant, et tout ce que le cœur peut désirer.

"Mais nous ne voulons pas deux maisons, n'est-ce pas ?" il a dit.

« Non, espèce d'idiot ; mais si nous prenons celle qui est meublée, ne voyez-vous pas, pour peu de temps, et celle qui n'est pas meublée pour une permanence, alors nous pouvons être à l'aise dans une maison pendant que nous meublons l'autre ; n'est-ce pas intelligent ? dit Nancy en riant. «Je ne peux rien imaginer de plus délicieux. Dépêchez-vous de préparer votre déjeuner, Arthur. Oh oui, je vais m'asseoir avec vous, j'en prendrai un morceau ; mais je suis tellement pressé. J'espère que vous les aimerez autant que moi. C'est tellement agréable de penser à avoir un 'ome, comme dit ma mère.

Arthur ne répondit rien ; après tant de temps orageux qu'il y avait eu, cela lui faisait de la peine de détruire tout ce soleil par des remontrances. Il était heureux de s'y amuser un peu et de différer la difficulté suivante. C'était un bel après-midi d'hiver quand ils sortirent ensemble, le soleil rouge descendant vers l'ouest et projetant tous les arbres sans feuilles au-delà de la grande maison de M. Eagles comme sur un fond cramoisi sur lequel chaque branche et chaque brindille se détachaient. Vert plus brillant que d'habitude à cause des nombreuses pluies et des rougeurs de l'après-midi qui rehaussaient sa couleur - les maisons de briques rouges étaient toutes rouges et chaudes à la lumière. Même pour Arthur, dont le cœur était lourd, c'était une promenade agréable jusqu'à Glenfield Road. Ils étaient seuls, et Nancy était de la plus gaie humeur, pleine de satisfaction d'elle-même. Même si elle avait perdu confiance dans les robes parisiennes, qui avaient beaucoup déçu sa mère et ses sœurs, et qu'elle craignait que son costume de voyage ne paraisse terriblement démodé (ce qui était de l'avis de Sarah Jane), le sentiment d'être chez elle, capable d'éblouir tout le monde, ses anciens compagnons avec sa bonne fortune, et sentir que sa maison, son mari et tous ses biens seraient admirés et enviés par les bonnes personnes, avait calmé toutes les susceptibilités de Nancy et élevé son moral au plus haut point. Elle a pratiquement dansé le long de la rue, tenant le bras d'Arthur d'une manière qui est peut-être démodée, mais qui reste naturelle pour une mariée. Elle allait avoir sa propre maison, une maison digne d'une dame, où des commerçants obséquieux, une fois ses égaux, ou meilleurs qu'elle, viendraient commander. Elle était sur le point d'avoir ses propres domestiques – non pas une « fille », comme dans l'établissement des Bates, mais une cuisinière et une femme de ménage, aussi bonnes que le Vicaire ou n'importe laquelle des braves gens du Green. Et tous ces braves gens feraient appel à elle, pensa Nancy ; qui parmi eux était égal à Mme Arthur Curtis, belle-fille d'un baronnet, qui deviendra un jour ou l'autre Lady Curtis — épouse d'un baronnet ? — et qui pourrait parler familièrement d'autres baronnets, Denham, par exemple, comme d'un baronnet. ami intime. Et puis il y a eu Durant.

«Qui est Durant», dit-elle, «Arthur? Est-ce quelqu'un, son père est-il quelqu'un ? J'ai eu une longue conversation avec lui ici une fois. J'étais en colère… Mais dans l'ensemble, j'aimais Durant.

« C'est… mon plus vieil ami ; et l'homme au monde qui me connaît le mieux, dit Arthur en riant malgré lui ; « mais des informations supplémentaires ne vous éclaireraient pas, Nancy… »

"Vous voulez dire que je ne connais pas vos pairs, et ce genre de choses", dit Nancy, un peu piquée.

Cette fois, Arthur rit de bonne volonté. « Je ne pense pas que les pairies vous aideraient beaucoup », dit-il. "Lewis Durant est le fils d'un ecclésiastique, Nancy."

« *Seulement* un ecclésiastique ? » Elle était déçue. "Mais ils devaient être très riches ou quelque chose comme ça, Arthur, sinon des gens aussi fiers que votre peuple n'auraient pas permis à Durant d'être aussi intime avec vous."

« Mon peuple, » dit Arthur avec une certaine hâte, « n'aurait pas pensé à interférer avec mes camarades d'école pour leur demander de qui ils étaient les fils ; et la famille de Lewis *étaient* riches, mais ils ne le sont plus maintenant. Appelez-le Lewis, s'il vous plaît, quand vous parlez de lui, Nancy ; mais ne dites pas Durant. Cela semble *rapide* ; et tu ne seras jamais rapide, j'espère.

"Oh, ça a l'air rapide, tu trouves ?" Nancy était apaisée. Lorsqu'il avait fait la même demande auparavant, elle avait pensé que c'était un stigmate pour elle de ne pas savoir comment une dame devrait parler, mais c'était une offense moindre. "Eh bien, M. Durant, si je dois dire M. Durant, n'est-il pas riche maintenant ?"

"Non, pas du tout riche."

« Oh, alors je suppose qu'il doit travailler pour gagner sa vie comme… n'importe quel homme ordinaire ? Je suis tellement contente que tu ne sois pas comme ça, Arthur. Quelle différence cela doit faire ! Avoir son mari toute la journée à son travail – ou avoir son mari toujours à ses côtés, prêt à faire une promenade, ou à répondre à une question, ou quoi que ce soit. Je suis si heureux que tu sois un gentleman, Arthur. Je n'aurais jamais dû être heureuse si j'avais épousé un homme d'un autre rang.

"Durant est tout autant un gentleman que moi, Nancy."

"Quoi! quand il doit travailler pour gagner sa vie ? Oh, oui, je sais. Celui qui porte de beaux vêtements et sait comment se comporter en société est appelé un gentleman d'après le nom de la chose, Arthur. Les assistants de Shoolbred sont tous des gentlemen, bien sûr ; mais ce n'est pas ce que je veux dire, vous voyez ce que je veux dire. Maintenant, en supposant que Durant – je veux dire M. Durant – nous connaisse depuis plus longtemps et ait commencé à venir chez nous comme vous l'avez fait, et que Sarah Jane et lui se soient aimés, elle n'aurait pas été aussi heureuse que moi.

"Avez-vous pensé à *cela* ?" dit Arthur avec un sourire qui ne trahissait aucun réel amusement. "Je ne savais pas que cela avait été sérieusement envisagé."

« Oh, oui, on y avait pensé. Pourquoi cela n'aurait-il pas dû arriver ? C'était votre ami; et on dit qu'un mariage en entraîne un autre. Je ne pense pas que cela aurait dérangé Sarah Jane », a déclaré Nancy en parfaite bonne foi. « Elle aurait renversé Raisins en un instant ; et en effet, je pense qu'elle traite très mal Raisins avec tous ses flirts. Je lui dis que c'est lui qui la jettera dessus, un de ces jours.

"Donc Durant aurait pu être préféré à M. Raisins", a déclaré Arthur. « Quelle chance pour Lewis !

Nancy ne se sentait pas très à l'aise quant au sens de ce rire. Ce n'était peut-être pas entièrement un regret pour ce que Durant avait perdu ; mais comme à ce moment ils arrivèrent en vue de Rose Villas, toute son attention fut attirée sur le sujet le plus passionnant. « Voilà celle vide, Arthur, dit-elle, regarde, comme elle est jolie ! Mais je vois que la porte du n°6 est ouverte, alors allons-y d'abord. Il y a un si joli jardin derrière, et les fenêtres s'ouvrent dessus. Il n'y a pas grand chose dans le jardin actuellement, mais ce sera délicieux en été. Oh oui, nous y sommes ; voici M. Curtis, Mme Smith. Nous sommes revenus, s'il vous plaît, pour visiter la maison.

« S'il vous plaît, madame », dit la petite hôtesse guindée, dont le logement ne s'était pas aussi bien loué que d'habitude, et qui n'hésitait pas à se débarrasser de sa maison. Nancy le parcourut avec joie, emmenant son mari d'une pièce à l'autre. « C'est ici que vous pourriez écrire vos lettres, Arthur, et ce serait mon salon », s'écria Nancy, rayonnante d'une fierté non désagréable ; « et regarde quel cher petit Davenport, et une table marquetée, et ce drôle de petit truc à trois coins dans le coin, et un joli drap blanc sur le tapis – si propre – presque comme nos tapis blancs à Paris.

Arthur se laissa traîner partout dans la maison. C'était comme une centaine, voire un million d'autres méchants de banlieue mitoyens. Les petites pièces étaient assez soignées, sinon belles ; et Arthur, bien qu'il ait été élevé à Oakley, au milieu des splendeurs préférées de sa mère, n'était pas assez pointilleux pour être ennuyé par l'environnement banal. Ce n'était pas le manque de beauté qui l'émouvait ; mais la sensation de « s'installer », qui était si délicieuse à Nancy, affectait son imagination comme un cauchemar. Elle était si satisfaite elle-même, si désireuse de tout savoir sur les femmes de chambre que Mme Smith « pourrait recommander », si désireuse de tout, que ses regards sombres passèrent sans remarque. Et Arthur ne freina sa joie que lorsque, après avoir réglé son affaire avec Mme Smith, elle insista pour le porter à côté du numéro 9, qui devait être loué vide. "C'est le plus intéressant", dit-elle. « Viens, Arthur ; car vous savez que ce sera notre véritable maison, c'est ce que nous nous fournirons nous-mêmes ; et elle l'a traîné jusqu'à la porte. Nancy n'avait pas l'habitude de laisser tomber son h, mais elle connaissait trop bien cette forme du mot pour l'appeler autrement que « ome ».

Ici cependant, Arthur eut la force d'esprit de résister. "C'est assez pour aujourd'hui. Il ne faut pas me demander d'en faire davantage aujourd'hui. Après le dîner, nous en parlerons, tout cela, autour du feu.

"Après le dîner?" dit Nancy. "Oh! J'ai dit que nous allions voir maman et lui dire ce que nous avions décidé. Eh bien, qu'y a-t-il, Arthur ? Ne puis-je pas aller voir ma mère ? Nous ne sommes rentrés que depuis un jour et vous commencez déjà à faire des grimaces ! Vous ne pouvez pas dire que j'amène mon peuple contre *vous* .

"Je pense que tu pourrais être content de moi parfois", dit Arthur en essayant de sourire.

«Je suis contente de toi depuis trois semaines», dit Nancy. «Je n'ai jamais vu personne d'autre que toi. Je pense que vous aimeriez voir un autre visage de temps en temps, autant que moi – et mes propres parents ! Arthur n'en dit pas plus. Il détourna la conversation vers d'autres voies et la ramena au sujet de la villa, qui, dans l'ensemble, était un terrain plus sûr ; et quand le soir vint et que leur dîner fut terminé, et que Nancy partit avec une certaine témérité gaie, non sans inquiétude, chercher son enveloppe, Arthur prit son chapeau pour l'accompagner sans dire un mot. Elle était dans un état de plus grande exultation, pouvant à peine retenir de petits chants de triomphe tandis qu'ils marchaient dans la rue péniblement éclairée, et lui serrant le bras avec une démonstration d'affection qui allait au cœur d'Arthur.

"A quelle heure dois-je venir te chercher?" dit-il alors qu'ils approchaient de la porte.

"Viens pour moi! tu ne viens pas avec moi, Arthur ?

« Je n'ai pas fini mes lettres, dit-il ; « comme *tu* dis, nous avons eu trois semaines de vacances ; et puis j'étais dehors avec vous cet après-midi. Il faut que je finisse mes lettres pour le courrier de ce soir.

Elle détacha ses mains de son bras sans un mot et entra ; et l'aperçu qu'Arthur avait du salon ne l'incitait pas à le suivre. Young Raisins faisait partie de l'entreprise. Il était assis sur le canapé où Arthur avait l'habitude de s'asseoir, probablement derrière le dos, et hors de l'observation des autres, avec Nancy. Le jeune Raisins était désormais l'amant présent, et sa vue à cet endroit envoya le sang à la tête d'Arthur alors qu'il s'éloignait. Se pourrait-il qu'il y ait lui-même été indiciblement heureux quelques semaines auparavant, ne trouvant que douceur dans les quatre murs droits et beauté dans l'affection familiale qui unissait tous ces gens si étroitement les uns aux autres. Les raisins secs occupaient désormais le premier plan du tableau, comme auparavant, avec une convenance infiniment plus grande. Et c'était la maison que sa femme aimait. Il y avait une piqûre ! avait-elle été indifférente, indigne de respect – voire insouciante, comme il croyait se souvenir qu'elle l'était autrefois ; mais l'expérience matrimoniale de Nancy, qui n'était peut-être pas entièrement réussie, l'avait ramenée à ses affections antérieures d'une manière qui n'est pas inhabituelle, même si Arthur n'en était pas conscient. Son mari et elle n'avaient que leur amour pour les maintenir ensemble ; leurs habitudes ne se ressemblaient pas, leur manière de penser était différente. Même lorsqu'elle était à son point le plus audacieux et le plus confiant, Nancy n'était jamais tout à fait à l'aise avec le « gentleman » qu'elle avait épousé ; mais avec les siens, elle était tout à fait à son aise. Arthur n'en a pas pris en considération ; mais il était assez franc pour éprouver un regret en s'éloignant et pour reconnaître que du point de vue de Nancy, il pouvait paraître difficile de ne pas pouvoir passer une heure ou deux sans se plaindre dans la société de la famille qui avait été tout pour lui. elle toute sa vie. C'était dur de devoir choisir si tôt, avant la fin d'un mois de sa vie conjugale, entre l'ancienne maison et la nouvelle, entre ses parents et son mari. Arthur avait un esprit généreux, et cette perception l'empêchait de se sentir lésé, comme il était à moitié disposé à le faire. Cela l'obligea aussi, au lieu d'errer comme il l'avait fait la nuit précédente et de ruminer les difficultés de sa nouvelle position, à retourner à son hôtel et à écrire réellement les lettres à moitié imaginaires qui étaient sa seule affaire, et le raison qu'il avait encore invoquée pour justifier son abandon de ce cercle familial. Ses lettres n'étaient pas toutes imaginaires : il y en avait une de M. Rolt, l'agent, en réponse à la lettre d'Arthur à son père. Sir John avait été trop indigné, et peut-être (mais il n'en était pas conscient) trop peu disposé à faire des efforts pour répondre lui-même. Il avait remis le billet, non pas au frère avocat, contre lequel Arthur avait juré de se venger, mais à l'agent, qui avait toujours été le favori, l'ami de leur jeunesse, auprès des jeunes Curtis, garçon et fille. La lettre de M. Rolt était très aimable et raisonnable, et il était difficile d'y répondre sans prouver qu'il avait tort. Sir John ne s'est pas opposé à l'augmentation de son allocation – il n'a refusé rien de ce qu'Arthur lui demandait. Il n'y avait rien de dur dans les stipulations, rien d'interdit dans ce qu'écrivait l'adjoint de son père.

« Votre famille ne veut pas que vous souffriez, comment pourriez-vous le penser ? – elle ne veut pas vous éloigner de votre position naturelle. Si vous les aviez traités comme ils auraient pu s'attendre à être traités, mon cher Arthur, écrit le brave homme qui l'avait connu toute sa vie, vous auriez pu, je pense, compter sur l'indulgence de Sir John dans une certaine mesure ; mais vous n'avez pas placé cette confiance en votre père et votre mère, bien qu'ils l'aient certainement mérité de votre part ; et pouvez-vous vous demander si Sir John est en colère ? Il ne vous écrira pas lui-même, estimant que votre lettre n'est pas le genre de lettre qu'il aurait dû recevoir de vous dans les circonstances ; mais il m'a chargé de vous dire que vos souhaits seront exaucés jusqu'à un montant raisonnable. Il ne souhaite pas que vous souffriez dans votre confort personnel à cause de la mesure que vous avez prise.

C'était la lettre à laquelle Arthur devait répondre. Il fit une pause, réfléchit et se répétait : « ne souhaite pas que vous souffriez dans votre confort personnel ». Y avait-il d'autres manières qu'ils soupçonnaient et sur lesquelles il pourrait souffrir pour sa désobéissance ? Il fit une pause pour revenir sur tout ce qui s'était passé au cours des trois derniers mois. Aurait-il pu agir autrement qu'il ne l'avait fait ? S'il avait donné dès le début sa confiance à ses parents, comme ils lui reprochaient de ne pas le faire, quel aurait été l'enjeu ? Avec quels yeux Lady Curtis et Lucy auraient-elles regardé sa Nancy, qui, de son côté, les aurait défiés ? Il secoua la tête alors qu'il réfléchissait à la feuille de papier devant lui. Non! Non! s'il leur avait fait confiance, les choses auraient été pires, pas meilleures – car de toute façon il aurait épousé Nancy, si ce n'était sans leur consentement, si contre leur jugement délibéré, qu'importe ? sauf que la dernière aurait été la pire. Il pouvait imaginer comment elle aurait répondu à leur inspection, comment elle les aurait repoussés et méprisés. Non, non, se répéta-t-il. Mieux vaut les laisser dans l'ignorance que de risquer les querelles ouvertes, les déchirements inévitables qui ont dû suivre. On n'aurait pas pu retirer son cœur de Nancy. Non, encore une fois non ! Et la rupture aurait été plus amère, pas moins. Avec un soupir, il décida que, dans l'ensemble, il n'avait pas choisi la pire des solutions. Il ne se dit pas que les deux étaient déjà assez mauvais, mais il soupira. Nancy l'avait quitté pour rejoindre sa famille, être heureuse dans le petit salon étouffant où son père buvait son rhum et son eau ; et lui... il soupira sans aller plus loin… pour *ses* biens, pour sa maison, pour les occupations naturelles de sa vie. Ils ne regrettèrent pas non plus leur choix ; mais pourtant, dès le premier mois de leur mariage, ce curieux retour sur eux-mêmes était arrivé à tous deux. Peut-être que ce n'est pas si merveilleux, même parmi les plus heureux, qu'on le prétend ; car le début n'est-il pas le plus dur, dans le mariage comme dans tant d'autres choses ? Arthur écrivit et posta sa lettre, se sentant obligé de le faire après ce qu'il avait dit ; puis alla chercher sa femme chez son père. Ils étaient très joyeux là-bas, entendit-il en passant devant la fenêtre éclairée ; et il fut de plus en plus curieux lorsqu'il entra pour trouver le jeune Raisins, maître de la situation, les amusant tous avec ses plaisanteries. Arthur, en son temps, n'avait jamais eu autant de *succès*. Il était plutôt heureux de voir que Nancy ne s'amusait pas comme les autres, mais restait assise un peu à l'écart et avec un visage quelque peu maussade jusqu'à ce qu'il entre, quand elle se débarrassa de sa gravité et se plongea dans l'émeute qui se déroulait autour de la table. , où M. Raisins faisait des tours de cartes, riait et discutait avec les meilleurs. Arthur ne pouvait pas comprendre si c'était pour lui montrer sa gaieté et sa légèreté supérieures à la maison, ou si c'était sa propre présence qui lui rendait sa légèreté. Et lui-même, touché de componction, s'efforçait de se rendre agréable, de montrer qu'il souhaitait une bonne entente entre eux. Il y réussit mieux qu'il ne l'avait espéré. Les belles qualités du jeune Raisins avaient tellement charmé et ravi la maison qu'Arthur partageait lui aussi le bon sentiment qu'il avait suscité. Mme Bates fondit complètement et, écartant les mains, déclara que « c'était *une* heureuse rencontre » et que les « parents » avaient en effet des raisons d'être satisfaits lorsque leurs filles étaient ainsi heureusement installées. « Quand vous vous êtes tous rassemblés autour de la « vieille maison » » , furent les mots qu'utilisa la mère satisfaite ; mais malheureusement, dans l'élan général d'émotion qui suivit, Arthur put à peine retenir un léger rire, que Nancy, qui semblait toute ouïe, remarqua, sans que personne d'autre ne le remarquât. Pourquoi devrait-il rire ? Il n'aurait pas ri si c'était la vieille maison d'Oakley, au milieu de ses arbres et de ses parcs, qui avait dû être rassemblée ; et pourquoi pas le petit immeuble d'East Street, Underhayes ? Était-il possible que le matérialisme aille jusqu'à mesurer le sentiment à la taille de la maison ? Il se disait cela tout en riant intérieurement, sans savoir pourquoi.

«J'espère que vous avez écrit vos lettres», dit froidement Nancy alors qu'ils rentraient chez eux.

"Oui; celui que je voulais spécialement écrire est parti. C'était une réponse à celle de M. Rolt dont je vous ai parlé.

« Alors vous n'aurez aucune excuse pour écrire des lettres demain – je veux dire une autre nuit. Vous n'aurez pas cette raison à donner pour rester à l'écart.

"Tu ne veux pas que je passe toutes les soirées chez ta mère, Nancy?"

"Ah, maintenant ça sort", dit-elle. «Je le savais depuis le début. Ce n'était pas des lettres, mais parce que tu voulais échapper à nous, à ma famille, que tu méprises. Si vous les méprisez, vous n'auriez jamais dû m'épouser ; car je m'y tiendrai aussi longtemps que je vivrai.

« Je n'ai pas l'habitude de trouver des excuses menteuses, » dit Arthur aussi calmement qu'il le pouvait ; " et il n'est pas nécessaire, " ajouta-t-il après une pause, contrôlant l'émotion dans sa voix, " de mépriser une famille parce qu'on ne veut pas être avec elle toutes les nuits. "

"Toutes les nuits! c'est la deuxième nuit », s'écria Nancy avec un grand dédain.

« Nancy, dit Arthur, ne nous laissons pas nous disputer. Je ne veux pas interférer avec votre affection naturelle, mais vous ne pouvez pas vous attendre à ce que je ressente exactement ce que vous ressentez. Ce n'est pas possible! Et ne pensez-vous pas qu'il serait sage d'admettre qu'il existe de grandes différences entre votre famille et moi ? que nous serons probablement mieux d'accord séparément, et qu'une réunion de temps en temps serait préférable, pas trop souvent ? Je ne veux pas te dicter… »

"Non; il serait plus sage, comme vous le dites, de ne pas essayer, dit Nancy. "Je vois maintenant. C'est pourquoi vous ne daigneriez pas regarder l'autre maison. Ah, je vois! tu veux partir, quitter cet endroit, qui est le seul endroit où je puisse être heureux. C'est ton plan ? Oh, j'admets que c'est un bon plan ! mais ce ne sera pas si facile à réaliser.

« Je ne veux pas, dis-je, vous dicter la loi. Je ne veux pas que tu abandonnes tout ce qui est important pour ton bonheur. Mais j'ai abandonné mon peuple pour toi, Nancy… »

« Alors retourne auprès de ton peuple et finis-en ! » s'écria Nancy en se dégageant de son bras auquel elle s'était accrochée et en le repoussant. Arthur fut si surpris de se retrouver poussé au bord du trottoir par cette impulsion énergique, que même le pouvoir de la parole semblait lui être retiré. Et qu'y avait-il à dire ?

CHAPITRE XIII.

M. R. et Mme Arthur Curtis s'installèrent en un jour ou deux au n° 6, Rose Villas, où Nancy avait ses deux servantes à gérer, et tout ce qui lui avait semblé le plus délicieux et le plus désirable de la vie. Le petit salon n'était pas un endroit particulièrement agréable en hiver ; le tapis était recouvert d'une toile de lin blanc bien tendue, il y avait des rideaux de mousseline blanche aux fenêtres, les murs étaient blancs et or, à la manière habituelle des petits salons des petites villas. Tout cela, même si c'était très propre, comme le disait Nancy, était froid en décembre, et la petite cheminée était si près de la longue porte-fenêtre, et toutes deux étaient si près de la porte, que la pièce était pleine de courants d'air et à peine si confortable. comme on aurait pu le souhaiter. Il y avait là un piano sur lequel Nancy ne pouvait pas jouer, bien qu'elle eût reçu des leçons de piano pendant les cinq trimestres où elle avait été à l'école ; et une table de travail, dont elle n'utilisait pas beaucoup pour le travail ; mais pas de livres, ni de tableaux sur les murs blanc et or. Quand Arthur s'était efforcé de réarranger les meubles, ce que Nancy n'avait pas entrepris avec aucun enthousiasme, car elle était toujours d'avis qu'une rangée de chaises adossées au mur était « à leur place », et que pour les déranger était presque une immoralité : la découverte qu'il n'avait rien à voir s'imposait de plus en plus avec force. Que voulait-il faire de quelque chose ? pensa Nancy. N'était-ce pas la meilleure chose au monde de ne rien exiger, le véritable signe d'un gentleman ? Un certain mépris à l'égard des gens qui travaillaient pour gagner leur vie s'était emparé de Mme Arthur Curtis. Pourquoi devraient-ils se donner des airs alors qu'ils étaient tous comme un maçon travaillant pour leur pain ? Mais tout le monde pouvait voir qu'Arthur était un gentleman. Il faut espérer que les gentlemen en général étaient plus à l'aise qu'Arthur sous le fardeau de leur noblesse. Ce n'était pas – que personne ne s'y trompe – qu'il voulait travailler. Le travail lorsqu'il avait lu avec M. Eagles avait été extrêmement pénible pour le jeune homme. Il est vrai qu'il n'était pas resté très longtemps pour l'essayer, mais il n'avait pas aimé ses études, surtout sous l'impulsion du « coach » pointu et pressé. Il y a cependant d'autres choses auxquelles les jeunes gens pensent lorsqu'ils parlent d'avoir « quelque chose à faire », qui ne disent pas grand-chose d'un point de vue industriel. Dans son état naturel et à la maison, Arthur avait de nombreuses occupations. Il tirait, il chassait, il parcourait le pays à cheval, il rendait visite ; il était sollicité par des personnes en difficulté ; il fut consulté sur les affaires du domaine. Parfois, il devait se présenter aux campagnes électorales pour soutenir l'élection de son père ; il avait des discours à faire de temps en temps, et cet intérêt pour les affaires publiques qui est indispensable à celui qui peut parfois avoir à y prendre part. Tout cela était désormais terminé. Le calme, et non la stagnation, de son existence actuelle s'est abattu sur lui comme le rideau tombe dans un théâtre sur une scène animée et mouvementée. Une fois le drame terminé, ou dans le moment de repos entre ses actes, c'est une représentation immobile de la vie ou du paysage, un incident ou un paysage immuable, qui clôt pour nous la scène brillante sur laquelle la vie humaine dans toute sa variabilité et sa variété d'événements. l'émotion a été représentée. Le bonheur domestique d'Arthur ressemblait à cette scène de chute. Sa vie lui avait disparu, avec tous ses espoirs et ses occupations ; il n'était plus le jeune Squire, aussi puissant sur son petit territoire que n'importe quel prince de Galles, plus le magnat en herbe du comté, avec des responsabilités croissantes autour de lui, avec des couvertures à penser (si rien de plus) et des braconniers à surveiller. prendre en main et une vie publique à espérer. Toute cette existence plus complète avait disparu. La scène de chute, représentant un écrin de bonheur blanc et or, avec deux personnages assis (devant le feu, mais c'était une question de détail), l'un à l'autre, comme disent les romantiques, était tombée avec une violence impitoyable. l'exhaustivité, cachant tout. Il faisait une longue promenade avec sa femme chaque après-midi. Souvent il sortait le soir pour la chercher chez son père, ou bien il avait le plaisir de recevoir son père et sa mère à la maison ; et il se promenait pour son propre compte ici et là, le matin, pendant que Nancy faisait semblant de faire son ménage, ou lisait nonchalamment le *Times* dans la chambre qui lui était réservée, avec le sentiment que toute l'agitation du monde était indiquée dans il s'était éloigné de lui à une telle distance qu'il ne pouvait que faiblement l'appréhender ou le comprendre. La scène du drop ! À quel sein innocent ce tableau ne se serait-il pas recommandé ? Deux personnages, jeunes et beaux à voir, le monde oubliant, par le monde oublié ; vivre les uns pour les autres, par amour, et le monde est bien perdu.

Cela dura vraiment longtemps sans perturbation. L'établissement des Arthur Curtises à Rose Villas donna au petit monde d'Underhayes de nombreuses causes de délibération. Doivent-ils appeler ? » était une question vivement débattue. Appel? sur Bates, la fille du percepteur d'impôts ! Y a-t-il quelque chose de plus absurde ? dirent les dames aînées. Mais les plus jeunes étaient intéressés ; qui ne serait pas intéressé par une affaire aussi romantique ? et ces messieurs étaient soit désolés, soit curieux du jeune mari qui avait ainsi tout sacrifié à « une jolie figure ». Car cette fille n'était qu'une fille sans instruction comme les autres dans sa situation, disait tout le monde. Il n'y avait aucune supériorité innée chez Nancy pour justifier son élévation, et son mari n'avait pas non plus pris la peine, comme le faisait même un jeune imbécile romantique, de temps en temps, de l'éduquer avant d'en faire sa femme. Même maintenant, à la connaissance de tous, aucune tentative n'était faite pour qualifier Mme Arthur de la position de son mari dans la société. Ils s'étaient installés à Rose Villas, manifestement pour qu'elle puisse être près de sa mère, avec qui on disait qu'elle passait la moitié de son temps ; et aucune gouvernante ou maître judicieux, capable de donner des instructions sur les accomplissements qui devaient lui manquer, n'a jamais été vu franchir ses portes. Je n'essaie même pas d'améliorer son esprit ! Elle eut le choix parmi les romans qui arrivaient dans la boîte de Mudie à la bibliothèque locale, moyennant un abonnement inhabituellement libéral ; mais que pourraient lui apporter les romans ? Dans ces circonstances, il devenait doublement difficile de savoir quoi faire. Lorsqu'elle est rentrée à la maison, au début, elle était très bien habillée, ce qui avait fait une impression en sa faveur. Sa « soie » bleu foncé avait rempli le Vert d'admiration et d'envie. « Paris, bien sûr ! » disaient les dames, qui, malgré leur désapprobation d'un pareil mariage, étaient vraiment très curieuses au sujet de la mariée ; et certains ajoutaient une plaisanterie ou un soupir à l'idée de mettre des vêtements délicats de Paris, non à ceux qui, comme eux, pourraient les apprécier, mais à Nancy Bates ! Cependant, ce mélange d'approbation et de dédain prit bientôt fin, car la soie bleu foncé ne tarda pas à être abandonnée au profit de vêtements plus voyants. « Si c'est tout ce qu'ils peuvent faire à Paris ! Sarah Jane avait dit, à la vue de cela, et elle avait passé quelque temps chez une modiste en ville et devrait le savoir. Sa propre famille pensait que les robes de Nancy étaient démodées et ridiculement discrètes pour une mariée ; et la « soie » originale que ses parents lui avaient offerte avait été remise au premier plan, avec d'autres de caractère similaire.

«Je me suis fait un cadeau pour plaire à Arthur. Il aime ça », a déclaré Nancy; mais on ne peut pas toujours faire plaisir à son mari, n'est-ce pas, maman ? Tôt ou tard, il faut réfléchir par soi-même, et les femmes connaissent sûrement mieux leur propre tenue vestimentaire.»

Arthur n'avait tenté aucune remontrance, à quoi bon ? Et Nancy était réapparue avec un éclat de couleurs et une ampleur d'ornement qui plaisaient beaucoup mieux à sa famille.

"Maintenant, vous ressemblez à une femme nouvellement mariée, avec un mari qui ne vous en veut pas", dit fièrement Mme Bates, ce jour où le Vert frémit devant le nouveau costume de Mme Arthur et résolut d'un commun accord, maintenant au moins , que personne ne pouvait appeler. Mais de telles résolutions ne surmontaient pas toujours les incitations plus fortes de la curiosité, ou de la pitié et de l'intérêt qui émeuvent certains cœurs. Mme Eagles fut la première à briser la réserve. Son mari a insisté, dit-elle. Et non seulement elle a appelé, mais elle a invité « les Arthur Curtises » à dîner. Mme Eagles était une petite femme douce, aussi douce que son mari était péremptoire. Elle a avoué franchement qu'elle avait « beaucoup aimé » Arthur lorsqu'il vivait dans sa maison. « Il était si gentil, il ne donnerait jamais le moindre problème pour pouvoir aider, si différent de votre *parvenus* ; il était toujours prêt à tout pour toi. Oui, je l'aimais beaucoup. Les élèves ne sont généralement pas attrayants, mais le jeune M. Curtis était charmant. C'est ce qu'elle dit à ses voisins lorsqu'on apprit qu'elle avait invité la mariée à dîner, la chose la plus audacieuse qui ait été faite sur le Green depuis bien des jours.

« J'espère que vous *l' avez trouvée* charmante aussi », dit la femme du Vicaire, qui n'était pas disposée à compromettre ainsi sa dignité. Mme Eagles prit un peu de temps pour répondre à la question et s'éclaircit la gorge.

« Elle est... assez mal formée. Je m'étonne presque que la fréquentation d'un homme bien élevé ait eu si peu d'effet sur ses manières. Mais enfin, elle est naturelle, elle n'a aucune affectation ; c'est toujours quelque chose », a déclaré Mme Eagles, ce qui n'était pas le cas de la femme du Vicaire. Elle n'a cependant pas invité le digne couple du presbytère, mais seulement un vicaire plus humble, nouvellement marié, à rencontrer les jeunes couples, qui, de leur côté, étaient très excités par l'invitation. Il est douteux que Nancy ait pu prendre cette décision pour son propre compte ; mais le bonheur de sa famille avait chassé de son esprit toutes les pensées, sauf celles d'une délicieuse élévation dans le monde et d'une entrée dans la société.

« Ce n'est qu'un maître d'école, c'est vrai », dit Mme Bates ; pas mieux, ni même aussi bon que nous, car je n'ai jamais été amené à un tel état que je sois obligé de prendre des locataires pour s'immiscer dans la famille. J'ai toujours su rester entre nous et, bien entendu, les élèves sont tous pareils à des locataires ; mais tu y rencontreras quand même la vraie noblesse, mon animal de compagnie, et ce sera un début, et tu n'as pas besoin d'être timide avec des gens comme eux. Ainsi encouragée, Nancy s'autorisa à sentir que sortir à une fête était agréable. Car elle aussi, même si elle avait les distractions de sa famille et de son ménage, était peut-être un peu fatiguée de la scène du drop.

Ils furent cependant tous très indignés lorsqu'Arthur lui suggéra de porter une simple robe blanche pour cette première apparition. Blanche, comme une fille célibataire ! et comme si son mari n'était pas assez aisé pour lui offrir une « soie ! Finalement, avec beaucoup d'efforts et de hâte pour qu'il soit prêt à temps, Nancy apparut en bleu clair, ce qui devenait suffisant, quoique assez incomplet dans ces finitions qui marquent la différence entre un vêtement fait maison et un vêtement fait maison. viennent des mains des initiés. Quant à Arthur, il se moquait de lui-même, non sans un peu d'amertume, en faisant sa simple toilette. Il était ravi d'être invité à dîner par son ancien « entraîneur ». Cela l'excitait vaguement, en partie de plaisir, en partie d'anxiété. Il s'agissait de « revisiter les aperçus de la lune », pour la première fois depuis tous ces mois ; car le lent hiver s'était de nouveau glissé jusqu'au mois de mars, et le monde entier reprenait vie. Décrire le genre de Noël que ce pauvre jeune homme avait passé serait trop pour des pouvoirs ordinaires, exilés comme il l'était de tout ce qui lui appartenait et poussés à une rencontre rapprochée, trop rapprochée avec toutes les joies d'un domaine si différent. Il les avait portés et tenus à bout de bras, autant qu'il le pouvait, et, Dieu merci, c'était fini. Mais l'impatience dans son cœur se renforçait à mesure que les jours allongeaient et que le monde se tournait vers le printemps. Il était aussi heureux de l'invitation de M. Eagles que si le « coach » avait été le Premier ministre avec toutes sortes d'avantages à accorder. Ce petit personnage impétueux, s'il avait obtenu les premières places de tous ses élèves à tous les examens sous le soleil, n'aurait pas pu se mettre dans la même situation que le fils d'un magnat rural tel que Sir John Curtis ; mais Arthur était aussi heureux de sa remarque et de celle de sa femme, que si le niveau de la famille Bates avait été son propre niveau originel. Néanmoins, il y avait des difficultés à lancer Nancy même dans ce petit monde scolaire doux. Arthur ne pensait pas pouvoir se risquer à lui donner ces indications sur les manières de la société ordinaire, qui auraient pu la guider en toute sécurité à travers les dangers non effroyables d'un dîner. Il faisait ce qu'il pouvait par suggestion et supposition, tenant pour acquis qu'elle le saurait ; mais même ce simple mode de communication des instructions éveilla ses soupçons. "Oh, tu n'as pas besoin d'avoir peur, je sais comment me comporter", dit-elle en hochant la tête. Comment le savait-elle ? Était-ce par instinct ? l'instinct est un guide douteux dans les usages de la société ; mais de toute façon, Arthur n'osa pas en dire davantage. Cependant, lorsqu'elle descendit les escaliers, prête à commencer, avec sa robe bleue toute décorée et bouclée de fleurs d'oranger, Arthur prit une position déterminée. Il dit : « Il faut enlever ces choses, elles sont ridicules », avec un ton péremptoire auquel elle ne put résister, malgré son impertinence. Arthur, à ce moment, ne semblait pas être une personne avec qui il fallait prendre à la légère. « Veux-tu faire de ta sœur la risée ? » dit le jeune homme en les confondant tous ; et les décorations odieuses furent enlevées avec une rapidité silencieuse qui était merveilleuse. C'était merveilleux, inspiré par le sentiment mystérieux d'avoir commis une erreur. Ils n'avaient aucune idée de l'erreur ; et leur orgueil ne leur permettrait pas de demander l'illumination ; mais ils le sentaient d'autant plus par son caractère mystérieux et inconnu. Quand Nancy fut prête et enveloppée dans la *sortie du bal* blanche et chaude qu'ils avaient achetée à Paris, l'effet de cette erreur fut suffisamment effacé ; et le cœur du jeune mari se gonfla d'un peu de fierté lorsqu'il la présenta à celui qui l'avait chassé de chez lui à cause de Nancy. Cette protestation pratique n'avait pas fait beaucoup plus de bien que tous les autres efforts qui avaient été faits pour séparer Arthur de son amour ; et la voilà maintenant, belle et épanouie, un fait incontestable, qu'ils étaient tous obligés de reconnaître. Mais alors qu'il la laissait en charge de Mme Eagles et se laissait derrière, quelle anxiété était dans les pensées d'Arthur ! C'était son premier essai en société ; prendrait-elle la peine de plaire ? Il la regardait furtivement pendant qu'il parlait au curé, dont la femme était également jugée, mais ne lui causait pas un tel tremblement. La femme du vicaire était une petite jeune dame, de race et d'apparence ordinaires, qui ne pouvait en aucun cas être comparée à Nancy. Mais elle était née fille d'un ecclésiastique et non d'un percepteur d'impôts. Elle connaissait l'extérieur des mœurs sociales et savait comment ne pas s'engager, ce qui était exactement ce que Nancy ne savait pas.

Et il faut admettre que, lorsqu'Arthur vit que seuls ce curé et sa femme étaient invités à leur rencontre, il fut irrité par une sorte de colère sauvage et d'humiliation méprisante. Il n'a donné aucun signe de ses sentiments ; mais il avait été habitué à être quelqu'un partout où il allait, et le sentiment qu'il était maintenant tombé dans une position douteuse, dans laquelle seul le curé pouvait être supposé susceptible de le soutenir, lui donnait une idée plus aiguë et plus nette de ce qui lui était arrivé. soudain que tout ce qui s'était passé, même que les familiarités de la famille Bates. Dire que Nancy était en colère aussi, ce serait peu. Son âme entière s'est élevée dans un éclat de colère. Elle s'était attendue à voir tout ce qu'il y avait de beau et de célèbre sur le Green, et à recevoir, en quelque sorte, les hommages de l'aristocratie assemblée. Personne possédant un titre ne vivait à Underhayes, et Nancy estimait qu'elle-même n'avait qu'un titre et qu'elle devait être admirée en proportion ; pourtant il n'y avait ici que la femme du petit curé. Elle a beaucoup parlé à M. Eagles pendant le dîner, lui donnant son opinion sur la société en Angleterre.

« Bien sûr, ayant grandi dans un endroit comme celui-ci, j'ai peu vu ; et ici, il n'y a pas grand-chose à dire, dit-elle avec une franchise qui préoccupait son hôte, lui-même si incisif et si décidé à tout moment.

« Vous avez raison, tout à fait raison, Mme Curtis. Les gens d'ici n'ont pas grand-chose à dire. Nous devons l'accepter, car nous ne pouvons pas aller mieux. Les retraités sont pour la plupart un ensemble de nuisances ; ayant fait tout le mal qu'ils peuvent au monde sur leur propre personne, ils injurient tous ceux qui commencent et leur mettent du mal dans la tête.

"Oui, Dr Eagles." Les gens ordinaires l'appelaient Docteur et cela ne lui plaisait pas. "Oui; il n'y a jamais eu un tel endroit pour bavarder, j'ai entendu beaucoup de gens dire. Ils n'ont rien à faire eux-mêmes et mettent tout le monde en pièces. Je n'ai jamais abordé ce sujet, mais je ne peux pas supporter ce genre de chose. Ils sont tellement coincés ; tu ne trouves pas qu'ils sont terriblement coincés ? et qu'y a-t-il en eux qui les rendent meilleurs que leurs voisins ? Vous ne le pensez pas, Dr Eagles ? Je déteste tout ce genre de choses », dit Nancy avec énergie. "Je suppose que tu n'aimais pas leur demander de nous rencontrer, Arthur et moi ?"

"Je... je ne demande à personne", a déclaré M. Eagles, pour le moment déconcerté. "C'est ma femme qui demande aux gens." Puis il commença à se rendre compte que se sortir d'une difficulté en la mettant sur le dos de sa femme n'était pas une démarche noble. « Le fait est que je ne pense pas qu'on ait demandé à qui que ce soit. Nous pensions, je suppose, que cela ne vous intéressait pas. Je ne le fais pas moi-même; J'espère que Curtis n'abandonne pas complètement son travail. Il peut être tenté de le faire sans objectif immédiat, mais il ne doit jamais interrompre ses études. Il s'entendait très bien avec moi.

«Pourquoi devrait-il continuer ses études?» dit Nancy ; « il n'en a pas besoin pour gagner sa vie. Il peut se plaire dans ce qu'il fait. Oh, je n'aimerais pas que mon mari soit obligé de travailler ! Quand un homme naît gentleman, docteur Eagles…

"Vous avez eu la bonté de me conférer un diplôme auquel je n'ai aucun droit", a déclaré M. Eagles. « Je suis un simple monsieur, comme tous les autres, quoique je sois obligé de travailler pour gagner ma vie, et cela me serait utile. Mais un homme devrait travailler quand il est jeune, comme Curtis. S'il ne le fait pas maintenant, il le manquera plus tard. Je le lui ai toujours dit.

«Je suis sûre que je ne le pense pas du tout», a déclaré Nancy. « Pourquoi devrait-il travailler ? ou quelqu'un dans la position d'un gentleman ? Vous savez ce que j'entends par gentleman. Père est aussi bon qu'Arthur, ou n'importe qui, et il doit travailler.

Cela a apaisé M. Eagles.

« J'espère que nous sommes tous des gentlemen, » dit-il avec autant de légèreté que possible, « que nous travaillions ou non. »

« Oh oui, d'une certaine manière, » dit Nancy avec un mépris insouciant, « dans vos manières, et ainsi de suite. Et les ecclésiastiques, les enseignants et ce genre de personnes sont appelés ainsi par civilité ; mais je ne pense jamais que quiconque ait sa propre vie à gagner soit un gentleman.

«Je pense que vous êtes un peu dur avec nous, Mme Curtis», dit le curé en souriant.

"Oh, je ne voulais pas être dur", a déclaré Nancy. « Vous êtes aussi bon que n'importe qui d'autre. Ceux qui ont de quoi vivre sont les mieux lotis, mais je ne dis pas que je méprise ceux qui doivent travailler. Ils sont assez bons à leur manière. Ce n'est pas de leur faute s'ils sont nés tels qu'ils sont, et ce n'était pas non plus une vertu de la part de mon mari d'être né Arthur Curtis. Il ne pouvait pas s'en empêcher, et vous non plus.

Ainsi Nancy a vaincu l'adversaire à table. Quand les dames retournèrent au salon, ce qui n'était qu'à une heure tardive, car il fallut longtemps pour que Nancy comprenne les petits hochements de tête et les signes de Mme Eagles de l'autre bout de la table, mais quand elles arrivèrent à l'étage, enfin, la femme du curé intervint avec bienveillance pour mettre Nancy à son aise après cette erreur.

« Je suppose que vous êtes habitué à la manière française selon laquelle les hommes montent avec les dames ; et c'est un bien meilleur plan, je pense.

Nancy regarda froidement celui qui posait la question. Elle était plus à l'aise quand les yeux d'Arthur n'étaient pas fixés sur elle, observant tout ce qu'elle disait et faisait.

« Je n'ai commis aucune erreur, dit-elle, mais la conversation entre messieurs est la meilleure, n'est-ce pas ? Je voulais en avoir autant que possible. Je ne voulais pas être abandonnée à la société des femmes – trois jupons ensemble », et elle rit avec une intention insolente. Nancy avait lu beaucoup de romans, et elle savait que tels étaient les sentiments généralement attribués à une héroïne, et elle était déterminée à ce qu'il n'y ait rien dans son esprit qu'elle n'aurait le courage de dire.

"J'espère que nous ne vous ennuyerons pas trop", dit Mme Eagles en jetant un regard involontaire à l'autre. « Nous avons entendu dire que vous étiez à Paris, Mme Curtis. Vous avez dû apprécier ça. C'est toujours aussi brillant et gai.

«Je ne pensais pas du tout que c'était gay», a déclaré Nancy, «un endroit très stupide. Tout le monde parlait d'une façon bizarre, pas du tout comme le français qu'on apprend à l'école ; et ils ont des plats si étranges, et dans l'ensemble ils sont si étranges. Avez-vous été à Paris ? Je ne l'ai pas trouvé du tout gay.

« Il y a tellement de choses à voir », a suggéré Mme Eagles.

« Oh, quel genre de choses à voir ! Des endroits où il s'est passé des choses dont personne ne sait rien, ou si on en a déjà entendu parler, on les a oubliées. Je n'appelle pas ça amusant », a déclaré Nancy. « Il y a de très belles boutiques, mais je n'aimais pas beaucoup le goût français, n'est-ce pas ? ils aiment tellement les couleurs sombres ; rien de propre ni de brillant. J'étais tellement heureux de retourner en Angleterre.
« Moi aussi, dit la femme du curé, lorsque nous étions à l'étranger ; mais je trouvais tout cela si intéressant. J'ai apprécié quand nous étions là-bas. Les noms mêmes des lieux dont on avait entendu parler dans l'histoire !
«Je n'ai jamais lu l'histoire», dit Nancy avec insouciance. « J'aime voir les choses se produire maintenant ; et rien ne semblait se passer, si ce n'était d'entendre parler de vieilles ordures poussiéreuses. Oh oui, les rues étaient belles. Arthur dit qu'en été, il y a des courses, des divertissements, des concerts en plein air, et tout ce genre de choses, mais il faisait trop froid quand nous y étions. Je suis allé entendre les hommes parler au Parlement, mais c'était ennuyeux ; à quoi bon écouter de longs discours ? Un des amis d'Arthur nous a emmenés, Sir John Denham, vous avez peut-être entendu parler de lui. Il nous proposait toujours des loges pour le théâtre, mais c'était ennuyeux aussi.

« Je crains que vous ne soyez difficile à satisfaire », dit Mme Eagles ; mais la femme du curé commença à écouter avec un certain intérêt. Il est toujours agréable d'entendre parler familièrement des Sir John de ce monde.

"Oui, ils ont tous dit que j'étais difficile à satisfaire", dit Nancy en se levant de la chaise qu'elle venait de choisir et en manquant de renverser une petite table sur laquelle se trouvait une lampe. « Avez-vous acheté vos meubles en ville, Mme Eagles ? Avez-vous fait appel à l'un des meilleurs tapissiers pour le faire, ou avez-vous acheté des choses bon marché ? »

"Je crains que nous ayons essayé autant que possible d'acheter des choses à bas prix", a déclaré Mme Eagles, réprimant l'envie de rire qui gagnait en elle. L'autre jeune femme écoutait avec anxiété, n'y voyant aucun plaisir, et leur animatrice pensait qu'elle préférait Mme Arthur.

«Je le pensais bien», dit calmement Nancy, fixant ses yeux sur un meuble italien qui faisait la fierté de la maison, «mais je devrais simplement confier ma maison à un homme de premier ordre. Je n'aime pas inventer une partie de l'ancien et une partie du nouveau. J'aurai tout ce qu'il y a de meilleur et de plus récent, dit-elle en regardant autour d'elle avec un délicieux éclat de supériorité complaisante. Mais elle était aussi la belle-fille de Sir John Curtis, et Mme Eagles n'était que l'épouse d'un maître d'école.

CHAPITRE XIV.

"FAIRE LA FÊTE! ce n'était pas une fête du tout ! dit Nancy, "Je viens de donner à Arthur un morceau de mon esprit. S'il croit que je vais prendre la peine de faire confectionner une robe et de sortir parmi des gens que je ne connais pas rencontrer le curé et sa femme ! eh bien, nous sommes aussi bons qu'eux ! ou plutôt, devrais-je dire, bien mieux. Le lendemain matin, elle était assise devant le feu, pas du tout contente de son divertissement. C'était en effet à présent le moment où elle le ressentait le plus – car il avait été doux de penser à éblouir sa mère et ses sœurs avec un récit des grandes dames du Vert ; et il n'y avait plus rien à commenter maintenant, sauf la pauvre petite Mme Curate dans sa robe de mousseline ! Arthur était dans la pièce derrière, fermée par des portes pliantes ; et elle parlait haut pour qu'il puisse bénéficier de ses remarques.

« Le curé ! » » dit Mme Bates, « ma chère, ce n'est pas un compliment, c'est une insulte de vous le demander ; comme si vous n'étiez pas assez bon pour rencontrer les meilleurs.

«C'est exactement ce que j'ai dit. Je dis à Arthur que s'il me défendait comme il le devrait, personne n'oserait me traiter comme ça. Je considère, dit Nancy, que nous avons fait un grand compliment à ces Eagles ; et rencontrer le Curé ! comme si nous n'étions pas assez bons pour nous asseoir avec les meilleurs gens dans ce misérable petit trou.

« Le curé est un jeune homme très gentil », a déclaré Sarah Jane. « Cela ne devrait pas me déranger du tout. *Je* l'appelle beau; mais ensuite il est marié, ajouta-t-elle avec une satisfaction moindre. « Et toi aussi, tu es marié, donc ça revient au même. J'ose dire qu'ils pensaient que vous étiez tous les deux de jeunes couples… »

"J'aimerais que vous réfléchissiez un peu à ce que vous dites", a déclaré Nancy. "Moi! et elle! un peu fille en mousseline blanche ! avec cent cinquante par an, au dehors, pour vivre ; et obligée de travailler dur parmi les pauvres, aussi dur que si elle était vicaire aussi… et moi !

"Oui, en effet, il n'y a pas de comparaison possible", a déclaré Mme Bates. « Dommage, Sarah Jane ! Mais, Nancy, tu ne dois pas oublier que ta sœur a choisi un sort très différent. John Raisins est un excellent jeune homme ; mais il ne peut pas lui ouvrir les portes de la grande vie, comme Arthur peut vous les ouvrir. Et il vaut mieux qu'elle se décide à ce qu'elle peut avoir, et non à ce qu'elle ne peut pas avoir. C'est très différent, mon enfant chéri, avec toi.

«Je suis sûre que je ne sais pas si c'est différent», a déclaré Nancy. « Il ne m'a pas encore ouvert beaucoup de portes, et je pense qu'il fermerait votre porte s'il le pouvait, qui est la seule qui reste. Oh, pourquoi les filles se marient-elles

? ils seraient bien meilleurs, s'ils pouvaient le penser, chez eux. Et sur ce, Nancy se mit à pleurer.

Arthur entendit tout dans la pièce voisine. Lui-même avait ressenti douloureusement le changement de position la nuit précédente ; et les adjurations acerbes, quoique quelque peu tristes, de M. Eagles de ne pas perdre son temps, de continuer son travail, de faire quelque chose, avaient intensifié l'effet. Il était monté assez tôt pour entendre le style de conversation de Nancy avec les deux dames, et cela aussi l'avait profondément touché. Quoi de plus douloureux que de voir ceux que l'on aime donner ce qui, à nos yeux, est une fausse représentation d'eux-mêmes au monde extérieur, qui ne les connaît pas ? Arthur sentit ce picotement jusqu'au bout de ses doigts – une honte douloureuse ; sa stupide grossièreté et le tort qu'elle s'était fait elle-même par cette fausse déclaration l'avaient rendu malheureux. S'ils pouvaient seulement la voir telle qu'il la connaissait – telle qu'elle l'était en d'autres occasions ? Ceci, se dit-il, n'était pas Nancy ; c'était un fanfaron insensé du village, le type de la famille Bates, et non sa femme, qui était autant au-dessus des Bates en bon goût et en perception qu'en beauté. Il est vrai que son goût ne disait pas grand-chose ces derniers temps. Mais cela avait été l'influence de la position inconfortable dans laquelle elle s'était sentie, ou de ses relations, vers lesquelles elle avait si malheureusement insisté pour revenir. La douleur avec laquelle Arthur avait observé son épouse lors de cette première apparition en société avait été exquise. Cela lui rappela les sentiments qu'il avait essayé d'oublier, avec lesquels il était entré après la fin violente de son entretien avec Mme Anthony Curtis. N'y avait-il rien qu'il pût faire ou dire qui pût la persuader que ce n'était pas ainsi qu'on rencontrait des étrangers qui pourraient devenir des amis ? Il était assis assez mécontent devant son feu, après avoir sorti un livre ou deux qui se trouvaient sur la table à côté du « Times », occupation habituelle de sa matinée sans but. Il avait essayé de « lire » comme M. Eagles comprenait la lecture ; mais que représentaient pour lui Démosthène et Cicéron ? Il ne pouvait pas revenir en arrière maintenant et travailler dur sur les subtilités du langage et de l'argumentation qui réclamaient sans cesse toute son attention, avec une heureuse tranquillité d'esprit, et non avec une préoccupation douloureuse, comme il avait poursuivi ces études à leurs débuts. Il n'avait jamais été un élève difficile, et pourquoi devrait-il lire maintenant ? A quoi cela lui servirait-il ? Toutes les lectures du monde, ou son diplôme, une fois qu'il l'aurait obtenu, le ramèneraient-ils dans le monde où sa femme ne pouvait pas l'accompagner, et ne chercherait pas à l'accompagner, et où il ne pouvait aller sans elle ? Il était assis rêveur devant le feu, réfléchissant à tout cela. Le vague plan dans son esprit avait été celui où Nancy était un peu mieux préparée, un peu plus encline à y penser et prête à essayer de faire de l'expérience un succès, à la ramener chez elle et à la présenter à son ami. père et mère, espérant que la surprise et le plaisir de son propre retour pourraient leur procurer un accueil ; c'est ce à quoi il avait pensé même lorsqu'il avait écrit des lettres officielles à Sir John et ces brèves notes à Lucy ou à sa mère, dans lesquelles il n'y avait aucune référence à Nancy. Quand il pourrait la guider jusqu'à ce point – quand il sentirait qu'elle pouvait supporter l'épreuve, alors il partirait. Cela avait toujours été son espoir, quelque chose qu'il attendait vaguement avec impatience, mais qui n'avait jamais été ramené à un moment déterminé. Mais hélas! elle s'était éloignée devant lui point par point. Nancy n'était pas prête à faire quoi que ce soit pour plaire. Elle pensait que par elle-même, sans aucun effort, elle devrait régner facilement sur un monde soumis. Elle se sentait, non pas comme lui, au seuil douloureux d'un pays inexploré, plein de périls, où tous ses efforts étaient nécessaires pour se trouver une place, mais plutôt avoir conquis tout ce qui pouvait se mettre sur son chemin. et atteint tous les objectifs, à l'exception de l'hommage de ces gens « coincés » et désagréables, qui l'enviaient et ne lui prêtaient donc pas l'attention à laquelle elle avait droit et que Nancy mépriserait pour faire quoi que ce soit. se concilier. Quelle différence entre leurs points de vue ! Et lui qui aurait dû être le plus fort, qui était infiniment plus instruit et plus raisonnable que Nancy, il était impuissant à lui transmettre une autre conviction ; bien qu'elle ait réussi à agiter le sien avec toutes sortes de tumultes, avec honte de montrer ses pires qualités et de mériter la désapprobation qu'elle encourait, mais avec un ressentiment ardent envers ceux qui la désapprouvaient. De tels sentiments ne sont pas inhabituels dans le cœur humain. Les maris ressentent cela pour leurs femmes, les femmes pour leurs maris et les parents pour leurs enfants. Pourquoi se montreront-ils sous leur pire forme pour faire rire, s'étonner ou mépriser les étrangers ? et en même temps, comment osent-ils, ces étrangers, mépriser, ou rire, ou s'interroger ? Il ne peut y avoir de conflit de sentiments plus douloureux.

C'était ce que pensait Arthur, assis tristement, non parmi les ruines de son bonheur domestique, mais devant l'autel ensoleillé, banal, trop neuf et fragile de ces divinités capricieuses qui gouvernent le foyer. Il n'était pas encore marié depuis six mois : mais comme toutes ses espérances avaient disparu, et avec quel peu de confiance il envisageait l'avenir, qui lui avait semblé autrefois si brillant ! Et tandis qu'il était assis là, avec ses livres jetés à son coude, et le « Times » écarté de lui sur la table, avec une sorte de dégoût dans son esprit à la fois pour les études qui ne pouvaient maintenant, pensait-il, ne lui servir à rien. C'était bien s'il y revenait, et de la vie publique, autrefois certaine, qui semblait maintenant devenue impossible et indésirable, il entendit Mme Bates et Sarah Jane entrer et la conversation qui suivit. Même maintenant, Arthur avait assez de bon sens (et c'était honorable) pour se lancer dans aucune insulte vulgaire envers sa belle-mère. La femme allait assez bien ; elle était gentille et presque farouche dans son indépendance, ne lui prenant rien, ne lui donnant pas l'hospitalité, et nullement disposée à encourager sa femme dans quelque chose qui lui était désagréable. Ce n'était pas Mme Bates qui était en faute, mais Nancy elle-même, celle qui lui avait semblé un lys de grâce et de douceur parmi tous ces gens ordinaires. Elle était si immobile, croyait-il ; elle n'était pas comme eux, qui étaient naturels dans leur domaine et ne proposaient rien de mieux. Il était fidèle, malgré toutes les imperfections, à son premier idéal d'elle ; mais ses paroles le transperçaient de part en part, le marquant comme des flèches enflammées. « Il ne lui avait ouvert aucune porte. Oh, pourquoi les filles se sont-elles mariées ! » était-ce ce que sa femme lui demandait après cinq mois de mariage avec lui ? Les veines d'Arthur semblaient se remplir comme si une essence de douleur y avait été versée. Il se précipita, submergé par une misère et une honte aiguës, et par un ressentiment passionné qu'il ne pouvait retenir. Il ne lui fallut qu'un instant pour ouvrir les portes pliantes. Si une minute de plus s'était écoulée, cela aurait amené une seconde réflexion, mais il n'y avait aucun intervalle pendant lequel cela était possible. Il ouvrit la porte et resta à la regarder, pour le moment trop tremblant et agité pour parler. Elle lui avait fait honte devant ces femmes qui étaient les seules visiteurs dont elle s'occupait. Lorsqu'elle l'a vu, Nancy a bondi à son tour et l'a confronté.

"Bien?" » dit-elle d'une voix forte, d'une voix interrogative aiguë et tremblante. Qu'avait-il à dire pour lui-même ? Elle n'avait rien dit qu'elle ne fût prête à soutenir, qu'elle ne défendît de toutes ses forces. Personne n'avait jamais vu Nancy tressaillir. Aussi brûlantes et hâtives aient été ses affirmations, aussi légères soient-elles, elle les a toujours défendues ; et face à un défi aussi palpable et à un appel au conflit aussi palpable, il était peu probable qu'elle céderait maintenant.

Il se leva et la regarda un instant, presque hésitant. Ce n'était pas la première fois qu'elle disait de telles choses, pourquoi devrait-il lui en vouloir encore plus que d'habitude ?

"Voulez-vous dire ça?" il a dit. « Pensez-vous vraiment que j'ai fermé des portes mais que je n'en ai pas ouvert, et que les filles ne se marieraient pas si elles savaient... »

"Je l'ai dit, donc j'ai dû le penser", s'écria Nancy avec une rougeur de colère. « Si vous vous asseyez et écoutez ce que disent les femmes ! Mais je ne dis jamais rien que je ne supporterai pas. Oui : quelle porte m'as-tu ouverte, Arthur ? c'étaient d'abord les paroles de ma mère. Ni ceux de votre père et de votre mère, qui ont été les premiers auxquels on a pensé, ni ceux de vos amis ; mais celle de ma mère t'a toujours été ouverte.

"Oh, chut, chut!" s'écria Mme Bates. « Oh, les enfants, vous ne savez pas ce que vous faites. Pourquoi devriez-vous vous disputer ? Nancy, tais-toi, tu regretteras après avoir dit un mot.

"Pas moi!" s'écria Nancy. « Je ne suis pas du genre à refouler les choses. Je vais le dire clairement devant vous deux, et vous pourrez être mon témoin, mère. Quand j'ai connu Arthur pour la première fois, je n'avais jamais pensé à ce qu'il était. Gentleman ou pauvre homme, tout n'était qu'un pour moi. Il était mon fantasme, et c'était tout ce à quoi je pensais. Quand cet homme est arrivé, ce Durant, alors j'ai commencé à voir ce que je m'attirais ; mais il était trop tard pour reculer. Et je me suis dit, je lui ferais comprendre que ce n'était pas son argent que je voulais, et que je ne ferais jamais de câlins à un de ses grands amis. Et je ne l'ai jamais fait, s'écria-t-elle avec une énergie colérique, et je ne le ferai jamais. Vous ne m'avez ouvert aucune porte – et je ne veux pas que vous le fassiez ; mais tu ne dois pas penser que cela a été une grande chose pour moi de t'épouser, ni pour toi ni pour quelqu'un qui t'appartienne. Ce n'est pas le cas. Vous me sépareriez des miens si vous le pouviez, et vous ne m'en donnez pas d'autre ; et je le répète, si seulement les filles savaient… »

"Mme. Bates, dit Arthur avec les lèvres tremblantes. « Je ne pense pas avoir essayé de séparer votre fille de vous. Je puis me défendre sur ce point ; et j'avais espéré qu'un jour ou l'autre elle irait avec moi frapper à cette porte que vous me reprochiez de ne pas avoir ouverte. Mais que dois-je faire si, comme elle vous le dit, elle ne le fera jamais ? elle n'a jamais montré la moindre inclination à le faire, c'est bien la vérité.

« C'est eux qui auraient dû venir la voir, c'est ce qu'elle pense, » dit Mme Bates, « et elle est colérique. Tu sais qu'elle est colérique. Elle ne pense pas la moitié de ce qu'elle dit. Oh, ne le faites pas maintenant, ne vous disputez pas, les enfants ! s'écria la mère. Dans la *mêlée*, Sarah Jane a pensé qu'elle pourrait aussi bien y participer.

« Je ne m'étonne pas que Nancy ait été offensée. Cela a incité Miss Curtis à venir avec ses « chers Arthur » et ses « chers frères », et à ne pas faire attention à nous, pas plus que si nous étions des choux ; mais quant à Nancy qui ne pensait pas à qui il était et au fait que c'était un grand mariage, oh, n'est-ce pas ! Vous pouvez le dire à ceux qui veulent le croire, vous feriez mieux de ne pas me le dire.

«Espèce de chose méchante, méchante et désagréable!» s'écria Nancy furieuse en se tournant vers sa sœur, qui lui rit au nez et courut avec une frayeur moitié réelle moitié feinte de l'autre côté de la table ronde. Arthur resta consterné tandis que se poursuivait cet épisode ludique, si en désaccord avec ses sentiments. Cela ne convenait pas non plus à Nancy. Aucun sourire n'apparut sur son visage. «Je pensais que c'était un grand mariage que je faisais, s'il vous plaît», dit-elle, après qu'elle aussi se soit arrêtée avec le sentiment d'une crise et ait regardé la prétendue sportivité de sa sœur. Aucun sourire ne détendit les lèvres des deux adversaires. « Je le pensais, vous pouvez le dire. Je pensais que je devrais être une dame et me mêler aux meilleurs du pays ; qu'est-ce qu'il en est ? Ai-je déjà mis les pieds parmi les gens à qui vous appartenez, ou parmi leurs semblables ? Non, j'ai dit la vérité, aucune porte ne m'a été ouverte, dans l'autre sens ! Vous me fermeriez la porte de ma mère si vous le pouviez, vous m'éloigneriez de mes propres parents, les seuls amis que j'ai. Mais tu ne le feras jamais, Arthur, autant y renoncer tout de suite. Je m'en tiendrai à ceux qui sont bons pour moi, et je ne ferai pas un pas pour courtiser votre peuple, ni pour m'attirer les faveurs, non, pas si vous me le demandiez à genoux. J'ai écrit à ma dame, parce que je l'avais promis, mais ma dame ne voulait pas faire grand cas de ma lettre ; et jamais plus je ne me rendrai aussi bon marché, même si je vis des centaines d'années.

"Nancy, Nancy, mon enfant!" s'écria sa mère, il ne faut pas faire de vœux téméraires. Vous ne savez pas ce que vous ferez jusqu'au moment venu. Elle est colérique. C'est tout. Et si Arthur dit qu'il est désolé… »

"De quoi dois-je dire que je suis désolé, Mme Bates?"

« Oh, maintenant, c'est dommage. Tu ne vois pas que ça va lui plaire ? Elle a toujours été un peu déraisonnable et colérique. Vous ne pouvez pas vous empêcher de vous mettre en colère, c'est une chose qui est née avec vous. Dites que vous êtes désolé et adoucissez-la un peu, et elle reviendra bientôt et vous promettra tout ce que vous voudrez. Je connais ma Nancy. Elle est impétueuse et au contraire, mais elle a le cœur à la bonne place, dit la mère. Mme Bates était effrayée par la contraction du visage d'Arthur.

"Je n'ai rien à regretter", a-t-il déclaré. « Je n'ai porté aucune accusation contre qui que ce soit ; mais je ne peux pas toujours céder. Je suis venu ici pour lui plaire, et elle n'est pas contente. Partons. Laissez Nancy me seconder dans ma tentative de retrouver une vie naturelle. Ce n'est pas naturel que je sois enfermé ici, à ne rien faire, à perdre mon temps. Je dois m'en sortir d'une manière ou d'une autre. Soit tu viendras avec moi, Nancy, soit je dois y aller seule. Je ne peux plus continuer ainsi. »

« Vous ne le ferez pas alors ! » s'écria-t-elle avec une chaleur redoublée. « Va… où tu veux pour moi. Oh oui, retourne dans ta famille que tu aimes tant. Vous et vos amis ne faites que me mépriser, même un peu femme d'instituteur ! Ne me retiens pas, ne me retiens pas, maman. Je ne serai pas laissé, quoi qu'il arrive ; c'est moi qui irai, et il fera ce qu'il voudra. Je ne vous le dis pas ! Personne ne me retiendra, personne ne me gardera à un endroit plutôt qu'à un autre contre ma volonté. Mais je ne resterai pas pour être abandonné. Oh, n'y pense pas, Arthur ! C'est moi qui partirai.

« Je n'ai rien dit sur le fait de vous abandonner», dit-il; mais il était fatigué de tant de luttes, et il ne la pressait pas de rester. C'est ce qui a décidé Nancy. Elle se précipita impétueusement hors de la pièce, les laissant tous se regarder, sans donner un mot d'explication. Mme Bates, dont le visage était quelque peu vide, appela Sarah Jane à suivre sa sœur, et se tourna elle-même vers Arthur avec une tentative de sourire.

« Ce sera bientôt fini maintenant », dit-elle. « Tu ne dois pas être dur avec elle, Arthur. Pour autant que nous sachions, il se peut qu'il y ait quelque chose qui fonctionne avec elle et auquel elle ne peut pas résister. Les jeunes femmes ont des manières bizarres, et on ne peut en déterminer la cause qu'après. Cela ne vous dérange pas ; retournez à vos livres, il y a une chérie, et n'y prêtez pas attention. Elle pleurera un bon coup, elle reviendra à elle-même, et cela ne vous dérangera pas.

Ce n'était pas cette adresse qui le calmait ; mais que pouvait-il faire ? La situation était si impossible qu'il fut heureux de s'en retirer. C'était pire que jamais, maintenant qu'une de ces altercations avait eu lieu devant témoins ; il retourna tristement vers son feu et se rassit, se reprochant l'exaspération qui l'avait fait parler. Mme Bates avait probablement raison, et tout était fini. Elle pouvait descendre, comme si de rien n'était , ou elle pouvait descendre pénitente, comme elle le faisait parfois ; et cela eut aussitôt raison de lui. Mais de toute façon, il n'insistait pas pour continuer l'altercation, il était trop content que ce soit fini. Il s'assit en soupirant et attira tristement vers lui Démosthène posé sur la table. Comme toute cette éloquence morte à côté de cette passion vivante était sans importance ! Le petit bruit des dissensions domestiques était trop proche pour lui faire entendre le tintement des vieilles disputes, le flux et le flot de la vieille éloquence. La voix de Nancy, dans toute la chaleur de la passion, résonnait plus clairement à l'oreille que celle du plus grand orateur. Il était assis, les nerfs à vif, et son esprit s'efforçant en vain de recevoir un peu d'instruction à travers ses yeux. Ces yeux lisaient assez facilement, même s'ils étaient chauds à cause de la tension qu'ils avaient subie, mais l'esprit ne recevait aucune impression. Ses oreilles étaient plus occupées, écoutant ce qui se passait. Il entendit le bruit des pas précipités de Nancy à l'étage ; puis il l'entendit descendre, et il y eut des voix dans la petite salle, confuses et à voix basse, une voix se mêlant à une autre ; et puis il y eut le bruit de la porte du couloir qui se fermait. Il resta assis après cela avec une sensation étrange, comme si ce bruit de porte l'avait secoué dans tous ses membres. Il ne semblait pas capable de bouger pour voir ce que c'était. Mais le calme qui régnait sur la petite maison était inquiétant. Au lieu des voix excitées qui s'étaient fait entendre tout à l'heure, remplissant la salle de querelle, quelle étrange sorte de silence mortel ! Arthur était épuisé. Dans toute sa vie antérieure, il ne s'était pas produit autant de vicissitudes émotionnelles qu'au cours des cinq derniers mois. Le bonheur, la joie, la déception, le dépit, les nerfs irrités, l'affection blessée, l'orgueil mortifié, et cette combinaison d'amour passionné et de vision désenchantée qui est de toutes les choses au monde la plus dure à supporter. Comme c'est différent, comme c'est différent de ses anticipations ! Avec quelle légèreté les querelles des amants s'étaient déroulées, éteintes de larmes et de sourires, de confessions mutuelles et d'une tendresse plus chaleureuse. « La rupture d'amis fidèles qui se renouvellent est une question d'amour. » Mais alors il ne fallait pas que cela aille trop loin, ni se prolonge trop longtemps, et le frisson de honte brûlante qu'elle avait si souvent provoqué sur lui, l'incertitude quant à la manière dont elle s'acquitterait, qui étaient toujours présents, la mortification passionnée avec laquelle il avait voir les sourires des autres, ou entendre les commentaires des autres, tout cela était très différent des querelles d'amoureux. Il tenait fermement son Démosthène dans sa main et essayait de lire. Comme c'était loin ! et l'autre si proche ; et de toutes les choses qui peuvent occuper l'oreille d'un homme, qu'y a-t-il de plus absorbant que le silence de mort du vide après une lutte qui a tout menacé et qui a abouti à… quoi ? Rien, le silence, le vide, sans doute sans conséquence.

Nancy n'est pas entrée à l'heure du déjeuner. Il l'attendait, refusant ce rafraîchissement jusqu'à ce qu'il soit clair qu'elle n'avait pas l'intention de revenir. Puis il avala précipitamment un verre de vin et se prépara à sortir à son tour, non pour la chercher. Il était résolu que cette fois, au moins, elle serait laissée en tranquillité, laissée faire ce qui lui plairait le mieux. Il venait d'entrer dans le hall pour récupérer son chapeau quand quelqu'un vint à la porte. Comme son cœur a fait un bond ! et comme il devint de nouveau malade lorsqu'il s'avéra que ce n'était que M. Eagles, qui était venu faire une sérieuse remontrance.

"Il ne faut pas perdre de temps", dit le "coach" en fronçant les sourcils. « Si tu ne peux rien faire de mieux, tu devrais revenir vers moi. L'ancien groupe est toujours à pied d'oeuvre, et il y a deux ou trois nouveaux hommes qui laisseront leur marque. Ça ne peut pas être animé ici, sans rien faire. Eh bien, tu n'as rien à faire, pas même la pêche ou le football, hein ? Je n'ai jamais entendu dire que tu jouais au football. Que fais-tu?"

«Rien», dit Arthur; « et je ne peux pas dire que j'aime ça ; mais à quoi ça sert ? Je suis trop vieux pour le football et ce genre de choses.

« Ah ! vingt-quatre ans, c'est un bel âge ; mais je sais ce que tu veux dire. Marié! voilà le problème : sentez-vous trop grand pour cela. Mais regarde ici, Curtis. Un homme ne peut pas vivre sans rien faire.

"Ce qui m'étonne, c'est combien de temps un homme peut vivre sans rien faire", a déclaré Arthur. « Mais comme je l'ai dit, à quoi ça sert ? Je suis trop vieux maintenant pour me soucier de mon diplôme. Qu'importe, d'une manière ou d'une autre ? J'ai dépassé ce stade.

«Marié, encore une fois!» » dit M. Eagles ; « C'est ce qui me rend fou – pas le fait, qui est assez inoffensif ; mais Seigneur, comme vous vous trouvez tous grands ! Cependant, cela ne dure pas. Vous ne pouvez pas vous nourrir de fraises et de crème toute votre vie, mon cher. Vous devez vous attacher à quelque chose, sinon vous ne serez personne. Je n'aime pas que quiconque est passé entre mes mains ne soit personne. Tu ferais mieux de lire, Curtis, tu ferais mieux de lire.

"Oui," dit vaguement Arthur.

Il était tout à fait disposé à s'engager sur n'importe quoi, à condition que M. Eagles s'en aille et le laisse écouter et s'assurer si quelqu'un venait : ou qu'il sorte dans les airs et détourne son esprit de l'écoute. Il pensait que c'était l'un ou l'autre qu'il devait faire.

« Le mieux sera de revenir vers moi », dit M. Eagles ; « Au moins, tu ne perdras pas complètement ton temps, et tu y trouveras un soulagement. Trop de sucreries vous feront pâlir ; prenez-les avec mesure et ils sont assez délicieux. Allons, Curtis, je vous fais une offre que je n'ai pas besoin de dire, car vous savez, que je n'ai pas besoin d'aller à la chasse aux élèves ; mais, mon bon ami, pour votre bien, vous feriez mieux de revenir.

"Oui", dit Arthur, avec un éclair et une aisance soudaines qui se diffusèrent partout en lui. Il y eut un autre bruit à la porte ; et cette fois, ce devait être Nancy, cela ne faisait aucun doute. Ce soulagement lui a permis d'écouter. Son visage s'éclaira. Il ne savait pas vraiment quelles étaient ses craintes, mais il en ressentait la vague grandeur dans ce sentiment d'aisance et de soulagement immédiat.

Mais tout le sang lui monta à nouveau à la tête, et les pouls commencèrent à battre dans son front lorsque la porte s'ouvrit, et ce n'est pas Nancy qui apparut, mais la femme de chambre, montrant dans l'inattendu et dans les circonstances, la figure alarmante de Durant.

CHAPITRE XV.

« IL y a quelque chose qui ne va pas à la maison ! »

Cette idée la plus naturelle de toutes les idées avec lesquelles la nature humaine inquiétante voit surgir soudainement, jaillit aux lèvres d'Arthur presque malgré lui. Il était déjà tellement déchiré par l'anxiété et l'inquiétude qu'il semblait tout à fait approprié que d'autres chagrins viennent le distraire, et il comprenait à peine le « non » empressé par lequel Durant répondit. Ce n'est que lorsqu'ils furent assis ensemble, un de chaque côté du feu : M. Les Aigles étant partis, Arthur se rendit compte que la confusion brûlante et la douleur dans sa tête provenaient du fait que sa femme était sortie dans un accès de colère il y a quelques heures et n'était pas encore revenue, ce qui n'est pas si grave. - et ce n'était pas dû à une calamité soudaine, à la maison.

"Non, tout va bien, mais j'ai quelque chose à te dire, Arthur", a déclaré Durant. Et il commença une longue commission, qu'Arthur entendit vaguement et ne comprit pas. C'est en effet que le poste d'attaché auprès d'une ambassade étrangère que le jeune homme avait souhaité lui était ouvert, et cela se double des ouvertures des parents dont le cœur se languit d'Arthur. Après tout, il n'y a probablement rien de mieux calculé qu'un long silence pour épuiser l'indignation et le ressentiment des pères et des mères. Aussi chauds que puissent être ces moments-là au début, la misère vide de ne rien savoir d'un enfant bien-aimé, atténue et éteint l'ardeur de l'offense, et dans de nombreux cas, le fils ou la fille cruels a sa volonté en raison du caractère intolérable de cette situation. rupture et anxiété des cœurs tendres sur lesquels cette passivité insensible pèse plus sévèrement que tout traitement plus activement offensant. Cela fonctionnait depuis tous ces mois chez Oakley. On n'entend rien ! c'était presque pire que la mort, dont cette misérable certitude que nous n'entendrons plus parler de ceux que nous avons perdus, est la plus grande amertume, tempérée cependant par la certitude contrebalançante qui seule nous rend capable de la supporter, que les événements humains sont à eux, et qu'aucune des calamités que nous connaissons ne puisse arriver à ceux qui sont au-delà du voile. Mais les Curtis savaient que tout ou n'importe quoi pouvait arriver à Arthur, alors qu'ils n'avaient aucune nouvelle de lui, et étaient aussi ignorants de toutes ses voies que s'il était mort. Et quand l'information arriva de cette vacance qu'il avait tant désirée, il ne fallut pas résister à l'occasion. Ils ne s'en étaient rien dit pendant vingt-quatre heures, puis avaient fait éclater le sentiment universel. Qu'il accepte cela et qu'il rentre à la maison et amène sa femme, s'il n'y a pas mieux. Elle avait été insolente, qu'importe ? Elle était le prix à payer pour Arthur ; et au moment où il devint possible d'avoir Arthur, ils se sentirent tous trop prêts à payer n'importe quel prix. Lady Curtis avait télégraphié à Durant lorsque la conviction générale éclata, et la maison d'Oakley était maintenant pleine d'excitation, commençant déjà à préparer des chambres pour Arthur et sa femme, et oubliant tous les autres sentiments dans le plaisir de revoir leur garçon. Durant n'avait pas perdu de temps. C'était un ami trop fidèle pour considérer qu'Arthur avait pratiquement repoussé ses offices amicaux après le mariage, et que pas un mot de souvenir ne lui était parvenu d'Underhayes pendant tout l'hiver. Il se rendit immédiatement à Oakley pour recevoir sa commission, et le voici avec toutes ses lettres de créance. Le père et la mère n'ont posé aucune condition. Si Arthur acceptait ce rendez-vous, ce qui était la meilleure chose qu'il pouvait faire, qu'il rentre à la maison et amène sa femme. C'était tout. Et on peut supposer que Durant, se sentant porteur de propositions à la fois généreuses et tendres, fut surpris et offensé par la manière confuse et préoccupée avec laquelle Arthur semblait l'écouter, ne pas le comprendre, sursautant à chaque bruit extérieur, continuellement dérangé. , et avec un air d'agitation nerveuse qui n'avait évidemment rien à voir avec la question en question.

"Tu ne me comprends pas?" s'écria-t-il enfin, indigné ; puis l'excitation grandissante dans l'esprit d'Arthur éclata.

« Durant, ma femme est partie chez sa mère. Je–je ne peux pas répondre d'un seul coup.

« Que veux-tu dire, Arthur ? Comme tu as l'air dérangé ! Est-ce qu'il s'est passé quelque chose ? s'écria Durant. Arthur fit un effort pour se ressaisir. Il rit tremblant.

« Vous me connaissez, Lewis, dit-il, je suis un type… nerveux, même si je n'en ai peut-être pas l'air.

"Je sais. Il y a quelque chose qui ne va pas, Arthur. Qu'est-ce que c'est? Votre femme est malade ? Que s'est-il passé?"

«Eh bien, rien ne s'est passé. Je vis plutôt une vie solitaire, et on devient irritable et facilement contrarié.

« Vous avez eu une… difficulté, comme disent les Américains… une querelle d'amoureux », dit Durant avec un rire qui était loin de correspondre à ses sentiments.

«C'est exactement ça. Non, pas une querelle d'amoureux, mais une difficulté. Nous voyons les choses de différents points de vue ; et je ne sais pas comment elle va aimer ça, je dois attendre. Je ne peux pas décider tant que je ne le sais pas.

« Arthur, c'est très bien, très bien de consulter votre femme ; mais on ne peut pas penser à négliger une telle opportunité. C'est tout à fait inconditionnel. Ils la recevront comme si elle était la fille d'un duc ; vous savez, quand ils y seront décidés, il n'y aura plus de repos, elle n'aura aucune raison de se plaindre de son accueil.

La tête d'Arthur était tournée vers la porte.

« Vous me trouverez idiot, dit-il ; "un fou! mais je n'y peux rien. Une chose que je vais vous dire, Durant ; J'irai à Vienne. Je ne pense pas qu'il soit trop tard ; cinq mois, ce n'est pas assez long à mon âge pour mettre un homme complètement à la porte, n'est-ce pas ? Mais quant à Nancy, je ne peux pas répondre. Si elle veut bien m'accompagner à la maison, si elle veut bien m'accompagner à Vienne, je ne peux pas vous le dire. Nous devons d'abord la voir. Elle est chez sa mère...

"Tu ne veux pas dire qu'elle t'a quitté, Arthur ?"

« Oh non, non, » dit-il ; c'est une idée un peu trop absurde, la plus ridicule. Viens, Durant, sortons et dégourdons-nous les jambes. Je n'ai pas fait de vraie promenade depuis des lustres. Bien sûr, comme c'est samedi, vous allez rester jusqu'à lundi ? C'est vrai, c'est un vrai plaisir. Elle est chez... sa mère, ajouta-t-il en changeant brusquement de sujet et en baissant la voix.

Qu'est-ce que cela signifiait ? Durant ne pouvait pas le dire. Il n'avait pas détesté Nancy ; même si elle l'avait défié elle aussi, cela avait été fait d'une manière qui n'offensait pas le jeune homme. Il l'avait admirée, même lorsqu'elle s'attaquait personnellement ; et il avait été enclin à penser, comme Arthur, qu'elle était un lis parmi ces mauvaises herbes. Il n'avait pas été surpris de l'engouement de son ami. Il l'avait considérée comme une belle fille pleine d'entrain, pleine d'un dédain généreux quoique trop véhément pour le jugement conventionnel qui la faisait apparaître comme une épouse indigne pour un homme de position mondaine supérieure à la sienne. Sa menace d'abandonner son amant et sa contre-décision de l'épouser déshérité, afin de montrer à ses amis à quel point elle se souciait peu de son argent, étaient fraîches dans son esprit. Et il avait aimé Nancy ; bien qu'il ait été officiellement de l'autre côté en tant qu'agent de Lady Curtis, il n'avait jamais été vraiment hostile ; il se souvenait bien de ses anciennes difficultés lorsqu'il avait essayé de persuader Arthur d'abandonner sa foi à cette fille qui avait confiance en lui, et avec quel sentiment de soulagement il avait découvert que tous ses arguments étaient vains et que l'honneur et l'amour d'Arthur étaient invulnérables. Il était mystifié et perplexe, ainsi qu'affligé, par la douloureuse préoccupation d'Arthur maintenant, ne sachant pas ce qui aurait pu arriver. Ils sortirent malgré le vent de mars qui soufflait fort et fort sur les routes de banlieue.

"Je n'ai rien fait qui puisse appeler une promenade depuis des semaines", dit Arthur avec un air fiévreux d'impatience, alors qu'ils atteignaient la nouvelle étendue de la commune, avec les champs verts et les sentiers de campagne au-delà. Les haies étaient hérissées de bourgeons, le ciel d'un bleu doux, où on pouvait les voir à travers les masses de nuages qui balayaient la grande voûte au-dessus. Le jeune homme courait comme un lévrier détaché, et son ami, fraîchement sorti de la ville, avait peine à le suivre. Il parlait peu en avançant. Marchait-il si vite pour échapper à quelque souci qui pesait sur lui ? Sans cela, il n'y avait pas d'autre motif, car la promenade était sans but. De temps en temps, il s'épanchait un instant sur cette perspective que Durant était venu lui offrir. « Ce serait la meilleure chose », disait-il, « de loin la meilleure chose. Je dois m'en débarrasser d'une manière ou d'une autre. Alors il se taisait et, après environ un kilomètre et demi, se répétait : « Oui, *cela* ne suffira pas, je dois y aller, c'est clair. Partir peut être le salut. Durant ne savait pas quels soucis irrépressibles arrachaient les jupes de son ami et l'obligeaient à ces résolutions ; et lui-même parlait calmement d'Oakley, des désirs de la famille là-bas, de la hâte qu'ils avaient de l'envoyer en mission, et de toutes les attentes du retour d'Arthur qu'ils avaient déjà commencé à entretenir. À cela, Arthur ne fit que secouer la tête : « Est-ce qu'elle *consentira* ? dit-il une fois. Nancy serait-elle d'accord ? c'était ce qu'il voulait dire ? Consentement! quelle excuse pourrait-elle avoir pour ne pas consentir ? Ils marchèrent loin, à grande allure, et Durant était presque épuisé. Il était à la traîne de son ami alors qu'il s'approchait de la maison. Il faisait encore tout noir, une faible lueur de feu dans le salon luttant faiblement contre la grisaille du crépuscule, personne à la fenêtre ne les regardait, aucune lampe allumée. "Est-ce que Mme Curtis est revenue?" » demanda Arthur à la servante au fur et à mesure qu'ils avançaient, et on lui répondit non. Ils entrèrent dans sa partie de la maison, le petit salon blanc, où en effet il n'y avait aucun joli signe de la présence de Nancy, aucun ouvrage ou livre qui gâchât l'atmosphère. l'aspect soigné de l'endroit, mais toutes les chaises étaient appuyées contre le mur et le feu vacillait faiblement dans la cheminée. Et l'heure du dîner arriva sans aucune apparition de Nancy. Arthur devenait de plus en plus agité à mesure que le temps passait – et Durant de plus en plus surpris.

« Votre femme dîne-t-elle au restaurant ? dit-il lorsqu'il s'aperçut qu'ils allaient se mettre à table sans elle. Arthur ne fit aucune réponse distincte ; » dit-il au bout d'un moment, comme s'il avait alors entendu la question pour la première fois : « Elle est chez sa mère. Il ne changeait pas de tenue avant le dîner et ne montrait aucun souvenir de la nécessité de tels préliminaires, mais s'asseyait près du feu, répondant vaguement de temps en temps quand son ami lui parlait, et sursautant à chaque bruit.

"Ne devriez-vous pas attendre Mme Curtis?" » dit Durant tandis qu'Arthur l'emmenait dans la petite salle à manger.

"Elle est chez sa mère," fut tout ce qu'Arthur répondit. Dans l'ensemble, c'était très mystérieux, et Durant ne pouvait s'empêcher de sentir qu'il y avait de la malice dans l'air.

Enfin, quand l'horloge sonna dix heures et que Nancy n'apparut pas, Arthur se leva d'un bond. « Il faut que j'aille la chercher, dit-il, cela ne suffira jamais, cela ne suffira jamais ! Durant prit aussi machinalement son chapeau et ils sortirent sans un mot dans la nuit venteuse. Le ciel paraissait élargi et agrandi par la brise violente qui poussait masse après masse de nuages à travers le bleu et sur la face de la lune décroissante, qui brillait par intervalles pour être à nouveau engloutie par ces vapeurs flottantes. Il y avait une certaine hâte, du froid et de l'agitation dans la nuit. Le chemin menant de Rose Villas à la rue éclairée d'Underhayes était sombre, et les alternances d'obscurité et de lumière dans le ciel rendaient la vision incertaine. Durant pouvait voir avec quelle inquiétude son ami regardait toutes les silhouettes qu'ils rencontraient sur la route sombre ; mais Nancy n'était pas sur le chemin du retour. Ils continuèrent en silence jusqu'à la rue dont Durant se souvenait parfaitement, et jusqu'à la porte devant laquelle Arthur le laissa debout en entrant. Il s'était tenu là auparavant et avait entendu les voix dans le salon lorsqu'il était venu ici pour la première fois à la recherche de Arthur ; comme c'est étrange de venir ici maintenant à la recherche de la femme en fuite d'Arthur ! car c'était ce que cela semblait être maintenant. Il pouvait entendre le silence qui suivit l'entrée d'Arthur – une pause impressionnante par la confusion des voix qui avaient été audibles auparavant. «Je suis venu pour Nancy», l'entendit-il dire.

Arthur était entré sans poser de questions. Il avait laissé son ami à la porte, sans penser ni se soucier de la possibilité d'une révélation qu'il valait mieux que Durant n'entende pas. Il a redressé son visage pour ne pas paraître en colère ou anxieux. "Es-tu prêt?" dit-il en s'adressant à sa femme, je ne pensais pas que tu comptais rester si longtemps.

"Vous ne vous êtes pas donné beaucoup de peine pour prendre soin de moi", a déclaré Nancy. « Non, je ne suis pas prêt. Je ne veux pas y aller.

"Qu'est ce qu'elle veut dire?" » dit-il avec un tremblement dans la voix, en se tournant vers Mme Bates.

« Oh, Arthur, je ne sais pas ce qu'elle veut dire. Elle est aussi colérique et aussi contraire que possible. Elle prend les choses assez mal. Vous n'avez jamais eu l'intention de la chasser, n'est-ce pas ? Vous n'aviez pas songé à la quitter, dites-le-lui, pour l'amour du ciel ! Elle ne m'écoutera pas.

Il n'y avait personne dans le salon à part Mme Bates et Sarah Jane. C'était une nuit où le percepteur était occupé à dresser une de ses listes de défaillants, et c'était le même parti qui avait été témoin de la dispute de la matinée et qui se réunissait maintenant. C'était une des raisons du calme soudain ; l'autre était la crainte et l'horreur qui avaient envahi la famille devant la résolution obstinée de Nancy de rester à la maison et de ne plus retourner auprès de son mari, résolution qu'il avait devinée et qui lui avait pesé toute la journée.

«Je… laisse-la!» dit Arthur, qu'est-ce que j'ai dit qui ressemblait à la quitter ? Nancy, rentre à la maison. J'ai été très malheureux, ne sachant pas pourquoi tu es resté loin de moi, et maintenant j'ai quelque chose à te consulter. Viens à la maison."

«Je suis à la maison», dit Nancy d'un air maussade. « Cela ne sert à rien de parler. J'ai pris ma résolution. Va-t'en, Arthur, comme tu l'as dit, je veux rester ici.

"Qu'est ce qu'elle veut dire?" s'écria-t-il consterné.

"Oh! Je pense ce que je dis. Tu m'as dit que tu y allais. Tu as dit que je pourrais venir si je le voulais. Moi, qui déteste les étrangers, moi, après tous les affronts que vous m'avez infligés ! mais c'est comme ça que tu allais. Je suis parti pour de bon et tout. Mère peut aller emballer les choses, renvoyer les domestiques et vous laisser libre ; mais un mot me suffit, Arthur, tu n'auras jamais besoin d'en dire un autre. Je ne bouge pas d'ici à moins que ma mère me chasse. Et dès que tu voudras, tu pourras y aller.

Ils se regardèrent tous – les autres pâles, Nancy rouge d'excitation et de passion.

"Tu ne veux pas dire ça, Nancy," dit Arthur. « Vous ne pouvez pas vouloir, pour un mot précipité, m'abandonner ; ce n'est pas possible. Un mot précipité ! combien m'en as-tu dit. Viens, viens, tu es en colère ; mais comme il y a peu de raisons de se mettre en colère ! Nous avons déjà eu des discussions plus sérieuses, ajouta-t-il avec un léger sourire, et vous m'avez dit des choses bien pires.

« Ce n'est pas ce que j'ai dit qui compte, mais ce que vous avez dit. Non, Arthur, tu peux supporter ce que tu veux ; mais je ne le supporterai pas, dit-elle avec toute la déraison de la passion. « Vous pourriez penser que ce que je dis n'a pas d'importance ; mais je pense que ce que vous dites est important. Non, je n'y retourne pas. Vous pouvez parler jusqu'à ce que vous soyez malade, cela ne fera aucune différence pour moi.

«Nancy! ne soyez pas si stupide », a déclaré Sarah Jane. «Eh bien, pensez seulement à la façon dont les gens parleront. Pas six mois de mariage, et je reviens à la maison ! Et après tout tout ce qui a été fait à propos de votre mariage, et après tout le grand succès que nous pensions être. Quand on y pense, on ne peut pas être aussi idiot.

« Nancy… Nancy, ma chérie, tu es déraisonnable ! en effet, vous n'êtes pas raisonnable... quand Arthur dit qu'il ne le pensait pas.

"Nancy!" s'écria le jeune homme, pourquoi me tourmentez-vous ainsi ? que vous ai-je fait ? Vous faites de ma vie un conflit constant. Nous n'avons jamais de moment de calme. Ai-je échoué en amour pour toi ? N'ai-je pas pensé à toi en tout ? Vous allez me rendre fou, je pense. Est-ce que je t'ai déjà négligé ou blessé ?

«Tu as dit que tu me quitterais», dit Nancy, «ça suffit, je te l'ai dit à l'époque. Oh! jamais un homme dans ce monde ne dira qu'il *m'a abandonné* ! Je ne suis pas celui qui sera abandonné. Vas-y, Arthur, va où tu veux. Je resterai ici.

« Nancy, Lewis Durant est à la porte. Il a apporté un message de la plus haute importance de la part d'Oakley.

« Lewis Durant ! » elle se leva avec une nouvelle impétuosité, « c'était tout ce qu'il fallait. Pensez-vous que je vais rester pour voir Lewis Durant, pour le laisser espionner et le dire à ma Dame. Non, maman, non ! Cela m'a décidé. Bonne nuit à vous tous. Vous pouvez faire ce que vous voulez, mais je resterai ici.

Et Nancy s'élança hors d'eux, rapide comme une pensée, tandis qu'ils restaient tous stupéfaits, et se précipita hors de la pièce et à l'étage, où, tandis qu'ils écoutaient, ils entendirent ses pas rapides au-dessus de leur tête, frémissant à travers la petite maison, et la fermeture rapide. et verrouillage de la porte.

Le choc les a affectés de différentes manières. Sarah Jane s'est mise à pleurer. Mme Bates, tremblante, s'approcha d'Arthur et lui attrapa le bras. Cet incident étrange et terrible le transforma du gendre, qu'elle connaissait, en juge de sa fille, devant lequel elle tremblait.

"Oh, M. Curtis, M. Curtis!" dit-elle. « La fille est sauvage et insensée. Ne pensez pas trop mal à elle. C'est comme une folie. Oh, pardonne-lui ! La mère était trop sérieuse pour pouvoir pleurer.

"Que dois-je faire?" » dit Arthur, bouleversé, avec un halètement comme pour reprendre son souffle.

« Oh, ma chérie, ma chérie ! Quitte la; elle est folle, elle est folle, elle est folle ! Laissez-la-moi, et je vous l'amènerai demain pour vous demander pardon. Je le ferai, Arthur, si quelque chose au monde peut le faire, " dit Mme Bates en joignant les mains.

"Il n'y a rien d'autre à faire", a déclaré Arthur. Il était pâle comme la mort. Il semblait reprendre son souffle avec difficulté tandis qu'il se tenait là, frappé d'émerveillement, paralysé par le sentiment d'impuissance de son esprit et par le terrible préjudice qui lui avait été infligé. Un ami peut laisser un ami, ou même un enfant un parent ; mais quand une femme, mariée depuis six mois, quitte son mari, même pour un jour, même dans la maison de son père, c'est comme s'il s'était produit quelque horrible convulsion qui bouleverse le monde. Il ne dit plus rien à personne, mais sortit, attrapa Durant par le bras pour le soutenir et rentra chez lui sous les nuages volants, à travers la nuit orageuse et agitée. La nuit était comme son esprit, balayé par des pensées folles, obscurci par de profondes ténèbres. Il ne dit presque rien à Durant, qui semblait deviner tout ce qui se passait, bien qu'on ne lui dît rien. C'était bien qu'il soit là. Lorsqu'ils rentrèrent à la villa, la pauvre petite villa, à la fois si désolée et si insignifiante sans Nancy, le jeune homme poussa un lourd gémissement qui sembla résonner dans les méchantes petites pièces. Quelque chose pourrait-il changer ce fait, un retour, une pénitence ? Sa femme l'avait abandonné. Nancy était retournée chez sa mère. Ce n'est peut-être que pour une nuit, mais quelque chose pourrait-il changer la donne ? Sa vie s'était arrêtée ; aucun maquillage ne pourrait changer cela. Comme il l'était ce matin, il ne pourrait plus jamais l'être.

C'est Durant qui a raconté ce petit mensonge aux domestiques sur la raison pour laquelle leur maîtresse restait à l'écart. Elle n'allait pas bien, dit-il, et ils n'avaient pas besoin d'attendre, car il était douteux qu'elle revienne à la maison. Et il resta auprès d'Arthur pendant de longues heures ennuyeuses, entendant par bribes et par bribes quelque chose de l'histoire que le pauvre Arthur sentait maintenant terminée : comment ils avaient vécu ensemble et comment, d'après tout ce qu'il pouvait dire, ils s'étaient séparés. Lorsque les marées furent ouvertes, Arthur fut soulagé de parler. Il montra à son ami désespéré tout ce qu'il avait dans le cœur, son amour pour Nancy, qui était prête à tout pardonner, et pourtant les blessures qu'elle lui avait faites.

"Ce n'est pas sa faute", a-t-il déclaré. «C'est le manque de formation. Elle n'a jamais réalisé pourquoi elle s'est mariée. Elle pense que c'était seulement pour être heureuse, pour être aimée et flattée, pour que tout soit heureux autour d'elle. C'est ce que dit le pauvre garçon comme si c'était la meilleure excuse du monde. « C'est ainsi qu'elle a été élevée. Ce n'est pas sa faute. Elle ne m'a pas considéré, ni qu'il y a un devoir ; et devais-je être celui qui lui rappellerait son devoir, Durant ? Je ne voulais pas qu'elle m'aime parce que c'était son devoir. Je voulais qu'elle fasse son devoir à cause de son amour », a déclaré Arthur, inconsciemment antithétique. Durant a tout écouté et fait peu de commentaires. S'il disait quelque chose de sympathie pour son ami qui signifiait une condamnation de Nancy, Arthur se levait et l'arrêtait. « Comment pouvez-vous dire à quel point elle était aggravée ? » il a dit. Ce n'est qu'au milieu de la nuit que Durant put le persuader d'aller se coucher ; et à ce moment-là, la désolation de la morne petite maison sans Nancy, qui n'avait d'âme ni de sens que Nancy, frappa Lewis presque autant qu'Arthur. Pauvre petite coquille misérable d'un lieu, qui avait dépassé son sens et son utilité !

Le lendemain fut une journée chargée mais misérable. Durant se trouvait dans la petite maison des Bates dès son ouverture le matin, espérant que son éloquence serait plus efficace que celle du pauvre jeune mari, et qu'il pourrait, par l'intermédiaire de sa mère, inciter Nancy à venir. dos. Il trouva Mme Bates très anxieuse et en larmes, très bien disposée, mais impuissante. Il lui fit allusion à la proposition qu'il avait apportée d'Oakley et à la remise inconditionnelle des Curtises, que la mère apporta à sa fille à l'étage, mais sans issue favorable. Plus tard, il revint avec Arthur. Nancy restait à l'étage, elle ne voulait pas se montrer, et toute la maison était contre elle.

«Je n'ai jamais tenu bon», dit le percepteur. « Je l'ai dit à ma femme dès le début. Je ne supporte jamais une jeune femme qui se plaint de son mari. Mme Bates est une mère trop gentille, voilà ce que c'est.

Ces choses pénétrèrent dans le cœur d'Arthur presque sans s'en rendre compte ; que sa femme s'était plainte de lui depuis le début ; qu'on avait parlé des avantages du mariage, et que Nancy avait espéré être aisée et faire un bon mariage, et qu'elle l'avait épousé dans ce but. Toutes ces choses lui pénétrèrent le cœur. Était-ce vrai, ou était-ce toute la vérité ? On ne peut pas dire qu'il y croyait, mais cela agissait sur lui comme s'il avait cru, lui apportant une douleur et une amertume mêlées contre lesquelles, à ce moment, il était incapable de lutter. Tout au long de la journée, ils allaient et venaient, la suppliant de revenir ; mais quand une autre nuit arriva, et que les heures lentes s'éternisèrent avec les mêmes excitations qu'avant – sans elle, ni l'espoir d'elle – tout sentiment de renouveau possible s'éteignit dans ces jeunes cœurs précipités, et la séparation parut complète.

FIN DU DEUXIÈME VOLUME.